U0559143

共青团中央"青少年发展研究"课题
"百年青运史党教育引领青年的经验研究"
（22JH008）阶段性成果

主体间性视域下的高校德育实践

刘　翔◎著

Moral Education Practice
in Universities
from the Perspective of
Intersubjectivity

ZHEJIANG UNIVERSITY PRESS
浙江大学出版社
·杭州·

图书在版编目(CIP)数据

主体间性视域下的高校德育实践 / 刘翔著. —杭州：
浙江大学出版社，2023.9
　　ISBN 978-7-308-24138-0

　　Ⅰ．①主… Ⅱ．①刘… Ⅲ．①高等学校－德育工作－
研究－中国 Ⅳ．①G641

　　中国国家版本馆CIP数据核字(2023)第164140号

主体间性视域下的高校德育实践
ZHUTI JIANXING SHIYU XIA DE GAOXIAO DEYU SHIJIAN

刘　翔　著

策划编辑	吴伟伟
责任编辑	陈　翩
责任校对	丁沛岚
封面设计	雷建军
出版发行	浙江大学出版社
	（杭州市天目山路148号　邮政编码310007）
	（网址：http://www.zjupress.com）
排　　版	杭州晨特广告有限公司
印　　刷	广东虎彩云印刷有限公司绍兴分公司
开　　本	710mm×1000mm　1/16
印　　张	8.5
字　　数	110千
版 印 次	2023年9月第1版　2023年9月第1次印刷
书　　号	ISBN 978-7-308-24138-0
定　　价	48.00元

自　序

　　近几年,笔者有幸分别参加了较长时间的国外访学和国内专题学习,参与了美国若干所大学的教育教学和学生日常学习生活,近距离观察和体会了美国高校的德育方法、德育理念;也聆听了国内马哲研究专家、优秀的德育和思想教育专家的课程。在将近一年的访学和学习过程中,笔者深刻感受到了经典理论的深邃,常学而常新。

　　国民的德育状况和国家的德育成效影响着国家共识度和文化自信度,直接关系到国家和民族发展大计。在"两个大局"的时代背景下,重视和加强国家德育观以及面向国民实施德育工作,是当今世界各国意识形态建设、国家安全和民族意识培养、文化认同感教育不可替代、不容忽视的重要工作。德育应该始终坚持正确的政治方向,培养德智体美劳全面发展的社会主义事业建设者和接班人,为国家和人民服务,为中国共产党治国理政服务,为巩固和发展中国特色社会主义制度服务,为改革开放和社会主义现代化建设服务。

　　青年人是国家和民族的希望,是未来的社会主义建设者和共产主义接班人。当代中国青年生逢其时,施展才干的舞台无比广阔,实现梦想的前景无比光明。我们的大学正在培养的,是一批优秀的青年人,他们思维活跃、求知欲强、敢于质疑、勇于创新。如何在大学中实施有效的德育,做好当代大学生的德育工作,为国家培养优秀的青年人才,是事关国家命运的大事。党的二十大报告指出,全党要把青年工作作为战略性工作来抓,用党的科学理论武装青年,用党的初心使命感召青年,做青年朋友的知心人、青年工作的热心人、青年群众的引路人。这是党团结组织青年全面建设社会主义现代化国家目标、全面推进中华民族伟大复兴的重要保证和巨大优势,也为做好新时代党的青年工作提供了思想指引和行动指南。大学时期作为青年学生进入社会的最后过渡阶段,是德育体系中的关键一环,是高校遵循大学生身心成长的客观规律,教育引导大学生思想品质、政治品质和道德品质的理性成长,并将其外化为良好的行为习惯的重要阶段。所以,针对高校德育,在新时代和新视域下提出切实可行的实践路径,具有现实意义。

在撰写本书的过程中,笔者深刻认识到高校德育的系统性和复杂性,择其一面,初步阐述观点。本书共分五章:第一章简述德育的意蕴、国内外德育发展的过程和特征,并从区域文化、系统论和教育观等维度进行了比较;第二章介绍主体间性的概念、发展脉络以及主体间性理论指引下高校德育的发展思路;第三章阐述我国高校的德育实践,提出德育范式要注重“对话—理解—共情”的交互方式和“领悟—内化—实践”的实践方式;第四章将若干德育实践作为案例进行分析,展现德育的开放性、多样性和复杂性;第五章呈现工程教育中的工程德育场景建设,以工程德育的主要内容和实践要点为例介绍。

从实践角度来看,德育是开放的系统。德育目标是开放的,它根据需要可以且必须不断丰富;德育目标的实现是在开放的德育实践路径、场域中践行不同方法的过程。在基于主体间性理论的德育范式中,德育实践的过程也是开放的,一般应具有交互的过程。只要找到合适的方法,任何路径、场域都可以有效实施德育。

笔者认为,高校德育不仅是知识传授的延伸,更是人格塑造的过程。对高校德育成效的检验没有量化的标准,只能在社会实践过程中逐步探索。在高校的德育工作中,学生和教师都是主体,主体间的互动、理解、共情与合作,决定了德育实践的成效。本书提出以主体间性理论指导高校德育实践,希望能够引起高校德育工作同仁的关注和讨论。

目　　录

第一章

德育的意蕴和比较

　　关于德育的相关研究,成果颇丰,包括德育哲学、德育认识论、德育方法论、德育实践论等。在西方话语体系中,德育一般专指道德教育,即"moral education"。在东方话语体系中,德育主要是指意识形态的系统化构建过程。

　　在人类文明的发展历程中,德育在维系国家稳定、促进社会进步等方面始终起着至关重要的作用,由此衍生出的德育观也备受历代思想家和教育家的关注。在文明早期的发展阶段,地理环境的多样性和复杂性导致了不同地域的人群和社会往往选择不同的发展路径、社会形态、文化类型以及道德谱系。

　　我国春秋时期的政治家子产早已认识到德的重要性,认为"德,国之基也。有基无坏,无亦是务乎? 有德则乐,乐则能久"(《左传·襄公二十四年》)。孔子则对道德与社会的关系做了进一步的探讨,认为"道之以政,齐之以刑,民免而无耻。道之以德,齐之以礼,有耻且格"(《论语·为政》)。但他并不只局限于道德的功用,而是构建了一个涵盖仁、义、礼,从国家层面到个体层面的宏大道德世界。其中,针对德育,《大学》篇作了高度总结,具体阐释了从格物致知到治国平天下的内在逻辑链,表明德性的修炼是个体与社会所建立的积极联系。

　　在相近时期的西方,苏格拉底提出了"美德即知识",美德作为知识的一部分,与客观规律一样可以被理性认知、掌握和运用,也是可教的。这是西方关于德育思想的最早萌芽,奠定了德育的科学性基础。其后,柏拉图在《理想国》中建立了完整的德育理论体系,认为国家需要采取一定的方法引导和教化公民,使公民获取知识,具有德性。①

　　东西方语境下的德育虽然在具体内涵和展现形式上有差异,体现了不同的文化和价值观,但都是针对所属公民的有意识的道德规范和行为引导,都是国家政治形态的衍生,追求各国话语体系下真善美的内在统一。从本质上看,东西方德育都旨在解决"培养什么样的人""如何培养人""为谁培养人"这三个根本问题。

---

　　① 孙经国.柏拉图的德性教化论思想探究:基于《理想国》的文本解读[J].道德与文明,2011(1):76-80.

一、德育的意蕴

在我国,德育自古以来具有政治性、时代性,且个人价值与社会价值导向一直以来都高度重合。中华人民共和国成立后,尤其是 1977 年恢复高考以后,政府所推行的德育,既包括道德教育,也包括政治教育和思想教育,政治性是其固有的本质属性之一。① 从我国当前的教育研究和德育实践来看,德育研究主要涉及德育的内容、目标,也涉及德育与道德教育的关系、德育与思想政治教育的关系等。

(一)德育的内容

德育的内容是用来培养受教育者思想道德品质的观点、原则和规范体系,是德育目标的具体化,是对受教育者施加的各种德育影响的总和。② 德育内容是德育工作目标实现的重要保证,是按照德育工作的目标所选取和整合的用于德育教学和实践的各类载

---

① 田心铭.简论思想政治教育的目的、培养目标和教育内容:兼评"德育非政治化"的观点[J].思想理论教育导刊,2011(6):88-97.
② 郑永廷,江传月,等.主导德育论:大学生思想政治教育一元主导与多样发展研究[M].北京:人民出版社,2008:147.

体。德育工作不仅包含道德教育,还包括政治教育、思想教育,甚至包括法制教育、劳动教育、礼仪训练、心理咨询与辅导等内容。

(二)德育的目标

德育的目标是塑造人,促进个体人格的完善,使个体获得自我的提升。通过德育,教育者能够改造受教者的主观世界,促进个体形成健全的人格,推动个体从自然人转变为社会人和道德人,在社会群体中与他人形成良性互动的关系。有学者指出:"德育目标是教育目标的重要组成部分,是教育目标的具体化,是教育目标在德育方面的具体要求。所谓德育目标,就是指一定社会对教育所要造就的社会个体在品德方面的质量和规格的总的设想或规定。也就是说,在进行德育之前,人们对于要把受教育者培养成具有何种品德的人,在观念中所具有的某种预期的结果或理想形象。"[①]另有学者认为:"整个德育过程就是在德育目标价值枢纽作用的观照下进行的,是以实现德育目标为导向来组织、协调和调整主体全部行动的过程。德育主体的全部活动都是服务于德育目标的。所以,正确、合理的德育目标是贯穿德育活动和实现德育价值的中心环节。"[②]总而言之,德育目标具有主观性、客观性、实践性及社会历史性、阶级性、民族性等特点。[③] 德育目标的确立既要考虑社会的政治、经济、社会、文化条件,又要考虑教育主体的需要,遵循教育目的和规律。康德认为,"人是一种有生命的存在者,人拥有动

---

① 鲁洁,王逢贤.德育新论[M].南京:江苏教育出版社,2002:177.
② 张澍军.德育哲学引论[M].北京:人民出版社,2002:195.
③ 胡厚福.德育原理[M].沈阳:辽宁大学出版社,2000:97-98.

物性的禀赋；人也是一种有理性的存在者，人具有人性的禀赋；人同时也是一种能够负责任的存在者，人具有人格性的禀赋"①。德育目标的确定要基于德育本来的功能。德育目标的设置既不能高于也不能低于德育功能的界限，否则，要么目标过高而形同虚设，要么目标过低而失去其指导实践的意义。简单罗列德育目标所涵盖的具体条目，是无法穷尽的，应该首先提出德育的宏观目标和要求，在实践过程中，再因时因地按需细化。

（三）德育与道德教育的关系

在我国，政治和道德在目标、手段、效果上始终一致②，因此，政治要求已经内化于道德要求之中。德育是国家政治的体现，是社会意识形态的衍生，服务于民族的传承与发展；道德的本质是普遍性，即所有社会成员个体的特殊意志形成了普遍意志，而"公意"恰恰也是现代政治实现的基础。③ 从我国当前的文化传统和认同状况考量，德育包含道德教育。

（四）德育与思想政治教育的关系

关于德育与思想政治教育的关系，有多种说法。德育是根据一定社会的需要和发展阶段来培养人的品德的过程，使社会个体

---

① 李秋零.康德著作全集(第6卷)：纯然理性界限内的宗教道德形而上学[M].北京：中国人民大学出版社，2007.
② 启良.真善之间：中西文化比较答客问[M].广州：花城出版社，2003：171.
③ 卢梭.社会契约论[M].何兆武，译.北京：商务印书馆，2003：39.

在品德方面的质量和规格符合社会的要求。而在中国特色社会主义制度下,德育包含思想政治教育。德育与思想政治教育都是以"立德树人"为核心环节,以马克思主义及其中国化成果为理论基础的特定意识形态教育。德育与思想政治教育要解决的都是世界观、人生观、价值观的理想信念"总开关"问题。

我国新时代的德育,应立足于当前和未来一段时期的社会发展需要,以培养和造就大批德才兼备的高素质人才为总体目标,坚持以马克思主义中国化最新理论成果为指导,坚持践行社会主义核心价值观,服务于科学发展、社会和谐以及民族复兴。具体来说,在国家层面要厚植坚定的政治信仰和爱国主义理想,在社会层面要培育集体主义精神、社会责任感和集体荣誉感,在个人层面要达成自然性、人性、人格性"三性"的协调统一,从而形成国家和民族的长远发展大计与个体人生追求相契合的行动自觉。

二、我国现代德育的发展历程和主要特征

　　讨论我国的现代德育,需要从传统文化开始探究。传统文化中的德育主要是以儒学为代表的伦理价值取向和处事规则导向,是统治阶级对被统治阶级的意识形态规制。中华人民共和国成立后,伴随着高等教育的发展,我国现代德育弃短扬长,持续完善。

　　在日常的教育实践中,儒家文化鼓励的是超越自我的德行标准,达到"仁"的境界。大体来说,是避免冲突,崇尚忍让,追求和谐。实际上是高于自身所能实践的标准。"仁"是孔子思想的核心,在《论语》一书中,"仁"字共出现了 100 多次。但对于"什么样的人可以称得上仁者"这一问题,孔子的回答非常谨慎。孔子很少直接谈到仁,因为仁的境界太高了,一般人很难达到。所以孔子的弟子从他那里了解到的更多的是什么不是仁。子张曾经问孔子:"楚国名相斗子文,三次出任令尹,但是面无喜色;三次被罢免,又面无怒色,而且还把令尹的政务全盘交代给新的令尹。这算是仁吗?"孔子回答:"这是忠。这怎么算是仁呢?"孟武伯问孔子:"子路算是仁吗?"孔子回答:"子路啊,可以管理千乘大国的税赋,但他仁不仁我不知道。"孟武伯又问:"那冉求算是仁吗?"孔子说:"冉求啊,可以管理千户的邑地,百乘的大家。但他仁不仁,我不知道。"孟武伯又问:"那么公西赤呢,他仁吗?"孔子回答:"公西赤啊,他可

以身穿朝服,立于堂上,与宾客侃侃而谈,但他仁不仁我不知道。"可见,仁的境界在孔子心目中是非常高的。孔子认为,"君子而不仁者有矣夫"。意思是,就算有些人在行为举止方面堪称君子,但不见得就达到了仁的境界。孔子认为自己也达不到仁的境界。德育是一种对尽善境界的追求和导向。历经几千年的演进和积淀,儒家提倡的社会秩序观已然上升到了德育哲学(或社会秩序哲学)高度,并且深深影响了我们的民族文化传统。

改革开放以来,我国特有的传统文化、革命精神和社会主义建设先进经验不断融合,植根于中国特色社会主义伟大实践的新时代德育理论和实践逐渐成熟。1995 年 11 月,国家教委颁布试行《中国普通高等学校德育大纲》。该文件指出,高等学校德育即"思想、政治和品德教育,它体现教育的社会性与阶级性,是学校教育的重要组成部分。它与智育、体育等相互联系,彼此渗透,密切协调"。鲁洁、王逢贤认为:"德育是教育者根据一定的社会和受教育者的需要,遵循思想品德的形成规律,采用言教、身教等手段,在受教育者的自觉积极参与的活动中,通过内化和外化,发展受教育者的思想、政治、法制和道德几方面素质的系统活动过程。"①

"德智体美劳全面发展"是根据我国国情总结出来的高度凝练的教育方针。在中国特色社会主义高等教育的理论体系中,德育并非专指道德教育,而是相对于智育、体育、美育、劳育的对人的素质定位的基本准则。德育工作包括培养学生的思想品质、政治品质、道德品质、心理品质等。

---

① 鲁洁,王逢贤.德育新论[M].南京:江苏教育出版社,2002:128.

（一）我国现代德育的发展历程

德育是特定时代的产物,必须满足时代要求,具备时代特点。对新时代德育而言,中华优秀传统文化、革命文化和社会主义先进文化是德育在中国背景下实践的底色。从时代背景划分,我国现代德育的发展大体经历了萌芽、提出、发展、繁荣四个阶段,其中中国特色社会主义阶段的德育是我国现代德育的繁荣阶段。

1. 萌芽阶段（1840—1949 年）

鸦片战争之后,在旧民主主义和新民主主义的浪潮下,以儒家为代表的传统伦理道德标准受到质疑。1895 年 10 月 2 日,"中国第一所现代大学"北洋大学建立。1904 年,王国维在《叔本华之哲学及其教育学说》一文中首次提出"德育"。1917 年,留学归来的陶行知先生痛心于中国教育之落后,在《中国教育改造》一书中指出"近世所倡的自动主义"有三部分:智育,注重自学;体育,注重自强;德育,注重自治。1917 年,蔡元培任北京大学校长,提出教育要以道德为本。该阶段的德育实践,主要内容是提倡新道德,革除旧风气。

2. 提出阶段（1949—1978 年）

进入社会主义发展阶段,高校德育因时而变。1949 年 9 月颁布的《中国人民政治协商会议共同纲领》明确提出:"中华人民共和国的文化教育为新民主主义的,即民族的、科学的、大众的文化教育。人民政府的文化教育工作,应以提高人民文化水平,培养国家建设人才,肃清封建的、买办的、法西斯主义的思想,发展为人民服务的思想为主要任务。"1958 年 9 月颁发的《关于教育工作的指示》明确提出,在一切学校中,必须进行马克思列宁主义的政治教育和思想教育,培养教师和学生的工人阶级的阶级观点、群众观点、集体观点、劳动观点。该阶段的德育实践,主要内容是提高革命思想认识,批判旧文化。

3.发展阶段(1978—2011 年)

恢复高考以后,面对新的时代要求,高校德育工作产生了新变化。1982 年,教育部下发《关于在高等学校逐步开设共产主义思想品德课程的通知》,要求在我国高校逐步开设思想品德课程。1993 年 2 月,中共中央、国务院发布《中国教育改革和发展纲要》,指出学校的思想道德教育目标是"用马列主义、毛泽东思想和建设有中国特色的社会主义理论教育学生,把坚定正确的政治方向摆在首位,培养有理想、有道德、有文化、有纪律的社会主义新人,是学校德育即思想政治和品德教育的根本任务"。1994 年 8 月,中共中央发布《关于进一步加强和改进学校德育工作的若干意见》,明确指出:"德育工作要与关心指导学生的学习、生活相结合,与加强管理相结合,德育工作者要深入到学生中去,通过谈心、咨询等活动,指导他们处理好在学习、成才、择业、交友、健康、生活等方面遇到的矛盾和问题。"2004 年 8 月,为适应新形势、新任务的要求,提高大学生的思想政治素质,促进大学生的全面发展,中共中央、国务院出台了 16 号文件《关于进一步加强和改进大学生思想政治教育的意见》,分别提出了大学思政教育的战略定位、指导思想、基本原则、主要任务、有效途径,逐渐形成了以理想信念教育、爱国主义教育、公民道德教育和素质教育为主的四大内容体系。该文件的出台,推动了教育重心向受教育者的转移,以及教育者、教育内容、受教育者良性互动局面的形成。2010 年,国务院发布《国家中长期教育改革和发展规划纲要（2010—2020年）》,明确指出:"坚持以人为本、全面实施素质教育是教育改革发展的战略主题,是贯彻党的教育方针的时代要求";"坚持德育为先","加强理想信念教育和道德教育",加强民族精神和时代精神教育,加强公民意识教育,"把德育渗透于教育教学的各个环节,贯穿于学校教育、家庭教育和社会教育的各个方面"。在这一阶段,德育对个体价值的关注度增加,以人为本的价值导向开始深化,德育实践的方法也日益多样化。

4.繁荣阶段(2011年至今)

新时代,随着党和国家对高等教育发展和精神文明建设的日益重视,高校德育工作的内涵不断丰富。"大德育观"(下文述及)因更符合当前历史阶段的特点和现实需要而成为德育发展的未来方向。德育的内容、方式、研究方向和实践模式等,也将在"大德育观"的引导下蓬勃发展。

(二)我国现代德育的主要特征

国内关于"德育"概念的理解存在争论,概括起来有广义和狭义之分。从狭义上看,"德育"指的是学校育人体系中以"道德教育"为主的品德教育,着眼的是人的行为上限,注重社会秩序和谐。从广义上看,德育不仅包含道德教育,还包括政治教育、思想教育,甚至包括法制教育、劳动教育、礼仪训练、心理咨询与辅导等。这是一种大德育观,它是对我国社会文化中特有的德政融合传统的继承,也是对现实政治需要的反映,具有传统和现实结合的合理性。党的二十大报告提出:"办好人民满意的教育。教育是国之大计、党之大计。培养什么人、怎样培养人、为谁培养人是教育的根本问题。育人的根本在立德。"

我国现代德育的特征可以总结为以下五个方面：一是德育内容多元化，涵盖政治教育、思想教育、道德教育、法制教育、心理健康教育、礼仪教育和审美教育等。这些教育内容旨在培养学生的综合素质和人文素养。二是德育方式多样化，包括课堂教学、社会实践、文化活动、志愿服务等。三是德育对象扩展到全体国民，从党员到群众，从学生到工人，等等。四是德育主张多样化。传统德育强调儒家思想的传统文化价值，主张以经典伦理观作为德育的基础，注重德育的内涵和实践。社会主义德育强调社会主义核心价值观的重要性，主张将社会主义核心价值观融入德育。品德教育强调培养学生的道德情操和社会责任感，注重德育的实践和引导。人本化德育主张通过人性化的方法来培养学生的道德情操，注重德育的个性化和多元化。生命教育主张培养学生的人文素质和道德情操，注重德育的体验和情感教育。实际上，不同的德育理念是互为补充、相互支撑的。五是德育实践模式丰富。"课程教育式"是通过德育课程培养学生的道德情操、人文素养等。"主题教育式"是以学生关注的社会热点问题为主题，通过开展讲座、研讨会、社会实践等形式，引导学生理性看待社会问题，增强国家认同感。"典型教育式"是通过宣传身边的先进典型，激发学生的学习热情和向上向善的动力，引导学生树立正确的人生观和价值观。"社会活动式"是通过开展各种社会实践活动，让学生在亲身参与中增强社会责任感。"文化浸润式"是通过营造良好的德育环境，如文明校园、和睦家庭等，引导学生养成良好的生活态度和行为习惯。

总体而言，我国德育工作的特征明显，流派众多，不同的方式方法有不同的特点和适用范围,但都致力于促进学生的全面发展。高校德育工作发展面临一系列复杂的矛盾和挑战,这就需要有强烈的问题意识,以破解重大问题为导向。不断巩固马克思主义在高校德育中的主导地位,是需要重视的重大课题。立德树人是高校发展的立身之本,国无德不兴,人无德不立,道德之于个人、之于社会,都具有基础性意义。牢牢抓住立德树人这一中心环节,就抓住了破解难题的"牛鼻子",就能不断推动高校思想政治工作创新发展,不断巩固马克思主义在高校的指导地位。要把马克思主义的立场、观点和方法贯穿高校思想政治工作的各个环节和各个方面,使青年学生深入了解马克思主义发展史、了解马克思主义中国化最新理论成果与已有成果之间一脉相承而又与时俱进的关系,分清马克思主义与非马克思主义特别是反马克思主义思潮的根本界限。

三、国外现代德育发展和特征

在西方现代德育理论中,德育一般是指道德教育,即"moral education"。约翰·洛克将道德提炼为个体各种品德中最不可或缺的特性;赫伯特·斯宾塞在 1860 年出版的《教育论》中,把教育按照目的划分为德育、智育、体育;裴斯泰洛齐认为,德育是整个教育体系的关键问题,是培养和谐发展的完善的人的重要方面。① 苏霍姆林斯基将德育定位为一个由道德概念到道德信念的辩证发展过程,在个体的全面和谐发展中占据核心地位。② 总的来说,德育着眼于人的行为上限,无须法律规定和维护。

(一)国外现代德育的发展历程

西方现代德育自蓬勃发展以来,大概经历了重构、革新、震荡、稳定四个阶段。

---

① 张红生.外国教育家对德育的认识与见解[J].思想教育研究,2002(8):46-48.

② 杨汉麟.外国教育名家思想[M].武汉:华中师范出版社,2010:214.

1. 重构阶段(19 世纪中叶至 19 世纪末)

随着以神性为核心的传统道德规范体系被解构,个体在道德实践和教育中的主体性开始日益凸显。1870 年,英国政府出台了具有划时代意义的《初等教育法》(*Elementary Education Act*),其中"考珀—坦普尔条款"和"课时表信仰条款"为德育去宗教化奠定了关键性的基础。与此同时,美国通过征税办学体制、州教育监管体制的确立,加速了教育公共化、世俗化和普及化的进程。德育伴随着整体教育的改革树立新的原则:尊重个体的选择权,保证教育的中立性。

2. 革新阶段(19 世纪末至 20 世纪初)

英美海外殖民地持续扩张,综合实力提升,为两国德育改革持续深化提供了经济基础。教育公共化促进了教育革新,使教育方式和思想走向科学化、体系化。1889 年,英国教育家塞西尔·雷迪在德比郡阿博茨霍尔姆创办了第一所新式学校,将德育与智育、体育、美育、劳动相结合,旨在实现全面教育,促进学生自由成长,实现身心健全发展。[①] 罗素将这种德育实践进一步提炼为品格教育观和方法论。他认为,学生优良品质的形成主要依赖于身体、情感、智力上受到关怀和锻炼,而德育的目的之一便是培养学生的理想品格。美国的进步主义教育运动更激进。杜威从实用主义哲学和民主社会观出发,对西方社会的传统道德观进行了批判,构建了关注具体情境问题解决、经验改善的实用主义道德观,强调社会智

---

① 单中惠.二十世纪前半期欧美教育革新运动述评[J].教育评论,1986(5):56-64.

慧、社会行动能力、社会情感与精神是个体道德密不可分的三要素。[①] 他认为,"学校即社会",教育本身就是一种经验改造,它与每个人的生活息息相关,应该打破教育与生活的割裂状态,把学校按照小型的社会形态来建设,让受教育者在学校中发展成为合格的社会个体。

3.震荡阶段(20世纪40年代至50年代)

经过20世纪30年代的经济危机、40年代的第二次世界大战,西方国家的社会秩序受到了严重破坏,德育的重心开始转向实用。这表现在以下方面:多元文化对传统道德造成了极大冲击,道德标准从普遍主义转向相对主义,出现道德虚无主义[②];达尔文主义的异化形成社会达尔文主义,即在社会竞争中推崇丛林法则,造成社会道德感的缺失,适者生存的理念大行其道;极端自由主义盛行,人们过于关注自我、漠视公共生活。这一时期,青年在巨大的现实压力和精神压力下,选择通过麻醉自己逃避社会,追求爆发式的情绪发泄和无意义的生活方式。

4.稳定阶段(20世纪60年代至今)

20世纪60年代是西方语境中的特定时代,是激情和叛逆的标志。[③] 这一时期出现了包括新左派运动、黑人民权运动、女权主义运动、性革命、反主流文化运动、后现代主义思潮等,影响一直延

---

① 刘长海.杜威的实用主义道德观及其德育思路[J].高等教育研究,2010(2):19-25.

② 程红艳.道德相对主义时代的公民道德教育[J].高等教育研究,2015(8):20-27.

③ 孙益.校园反叛:美国20世纪60年代的学生运动与高等教育[J].清华大学教育研究,2006(4):77-83.

续至今。[①]　第二次世界大战之后，随着全世界人才大流动，美国的发展也迎来了前所未有的黄金时代，高等教育规模不断扩大。1958—1968年，美国高等院校学生由322万人增加至692万人，年增长率达7.9％。[②]　思想的解放和教育地位的上升使得学校德育获得了长足的发展，以英美两国为代表，形成了种类繁多的理论流派和形态各异的道德实践。英国德育的发展呈现学科化、专业化的态势。道德实践是一种社会理性的体现，一个人为了坚持某一准则，就必须服从一些更高层次的原则，而这种原则体系是与社会环境变化相匹配的，并且处在不断修正的过程中。而德育的核心就在于促使受教育者社会化，顺利融入社会生活。[③]

美国开展了价值与道德教育复兴运动。1966年出版的《价值与教学：课堂价值教学工作》(Values and Teaching：Working with Values in the Classroom)一书认为，青少年成长出现问题的根源是青少年对社会核心价值的漠视，道德教育应引导青少年正确选择和调整道德观念。科尔伯格对价值澄清理论作了激烈的批判，他认为道德教育的关键是引导个体发展道德认知，使个体能判断道德的真正内涵。1992年发布的《阿斯彭品格教育宣言》认为，品格的核心要素包括尊重、责任、可靠、关心、公正、正义、公民美德、公民素质等。发展至今，西方德育已经随着国家形态和政治经济制度的发展呈现相对稳定的状态。

---

① 余维武.冲突与和谐：价值多元背景下的西方德育改革[M].南京：江苏教育出版社，2009：2.

② 黄福涛.外国高等教育史[M].上海：上海教育出版社，2003：331.

③ 朱洪洋.发现当代教育学的理论"硬核"：彼得斯和弗莱雷教育过程观的比较分析[J].外国教育研究，2015(42)：32-40.

(二)国外现代德育的主要特征

欧洲是西方德育思想和实践的发源地;美国是在现代德育尤其是高校德育实践方面取得成效的代表性国家;日本和新加坡的德育具有中西结合的特点,且在高校德育实践方面也取得了成效。因此,笔者主要选择美国、欧洲、日本和新加坡的情况来分析。

欧洲的德育内容十分多元,包括道德教育、文化教育、社会责任教育、环保教育、健康教育等多个方面,旨在培养人的综合素质和人文素养。其主要特点包括:重视激发人的自主性和创新性,鼓励独立思考和自主学习,注重培养创造力和创新能力;强调实践和体验教育,鼓励个体通过社会实践、文化活动、体育锻炼等方式掌握知识和技能,提高综合素质;注重国际化和跨文化教育,鼓励个体通过国际交流、多语种学习等方式培养跨文化交流能力,拓宽国际视野。

德育一直是美国教育体系的重要组成部分,其主要特点包括:注重多元化,推行全人教育,而不仅是专业技能的培养;强调自由与责任,个体可以选择自己感兴趣的领域进行发展;注重实践,鼓励个体探索和发展自己的兴趣与优势。在美国的大学校园中,部分工作人员会通过各种方式进行意识形态宣传和教育,如:分发杂志、海报等宣传资料;在校园内设置展览或橱窗,展示与意识形态相关的物品和信息;在特定场所或校园内举办活动,如音乐会、讲座、研讨会等;通过社交媒体等网络渠道向学生传播德育相关知识;为学生提供心理辅导和咨询服务,帮助他们消除信仰和道德方面的困惑。总体而言,美国的德育和信仰教育是紧密融合的,其希望通过各种方式帮助国民在信仰与现代生活之间找到平衡点和结合点。

　　日本德育同时受中国传统文化和西方制度文化的影响,既涉及学校教育,也涉及家庭教育和社会教育。在学校中,德育工作是学校教育的重要组成部分,由学校的德育教师和班主任负责。学校德育教师会根据德育的方针和目标,在课堂教学和课外活动中开展相关工作,培养学生的道德品质、社会责任感、公民意识等。在家庭中,父母和长辈要为子女树立榜样,使他们确立遵纪守法、尊重他人等基本的道德观念和社会价值观。在社会中,社会组织和公共机构也可以开展德育活动,为青少年提供更广泛的德育资源和机会。课堂教育是日本德育的重要形式,思想道德课是一门基础课程,旨在培养学生的道德意识和责任感,让学生了解日本传统文化和价值观,并学习如何遵守社会规范和法律。社会责任课程着重培养学生的社会责任感,让学生了解社会问题,激发学生的社会参与意识和行动能力。宗教与文化课程一般是选修,它介绍了不同宗教与文化的基本概念和历史,帮助学生了解不同宗教与文化之间的关系。学校会为学生提供教材和学习资源,让学生学习相关理论知识。日本各级教育单位鼓励学生参与社会实践活动,如志愿服务、社区服务等,让学生亲身感受社会问题和挑战,并学习如何为社会做出贡献。学校提供心理辅导服务,帮助学生解决心理问题和困难,增强学生的心理素质和自我认知能力。学校还会组织各种课外活动和文化交流活动,拓宽学生的视野和知识面。日本高校的思想品德教育是一项全面的工作,旨在培养学生的综合素质、良好品德和社会责任感。

　　新加坡政府高度重视德育,在国家层面直接领导德育工作。新加坡政府将德育纳入国家教育政策,认为德育是全面教育的重要组成部分。新加坡的德育主要有以下特点:注重培养人的品格以及社会责任感、家庭责任感等价值观;注重实践教育,主张通过社会实践、义工服务、课外活动等方式,让国民在实践中掌握知识和技能,提高综合素质;强调纪律和规矩,鼓励学生遵守学校和社会的规章制度,培养学生的自律意识和责任感;重视多元文化教育,主张通过多语言教学、跨文化交流等方式,培养国民的跨文化交流能力和国际视野。总之,新加坡的德育注重培养人的品格和价值观,强调实践教育和纪律感,同时也注重多元文化教育。

总体而言,国外德育以个人主义为价值信条,在个人与社会、国家的关系中,个人的需要和利益被放在首位,国家则为个人的需要和发展提供保障性条件。欧洲、美国、日本、新加坡的德育差异反映了不同文化和社会背景下教育理念和价值观的差异。西方推崇资产阶级的自由平等观念,在德育过程中更注重培养学生的自立、竞争意识。但是在具体目标、方式、内容上略有差异。从德育目标来看,欧洲、美国的德育注重培养学生的人文素养和综合素质,强调学生的自主性和创新性;日本、新加坡的德育则注重学生的个性化发展和纪律性。从德育方式来看,欧洲、美国的德育注重实践和体验教育,鼓励学生在实践中掌握知识和技能;日本、新加坡的德育则注重个人教育和秩序管理。从德育内容来看,欧洲的德育注重跨文化交流和国际化教育,培养学生的国际视野和跨文化交流能力;美国、日本、新加坡的德育则注重培养学生的道德观念和社会责任感。

德育的发展与地缘政治息息相关,地缘政治直接影响德育的大环境,进而影响德育目标、德育内容、德育载体、德育方法和德育评价,从而间接地对德育的发展产生或积极或消极的作用。

四、若干维度的德育比较

古希腊人与古中国人在文明的初创期分别诞生于海洋之滨和内陆盆地,进而形成了"海洋"和"农耕"两大文明体系,这必然产生与之相匹配的道德形态和标准。① 前者孕育了以公民政治为表现的城邦文化,强调创新、多元竞争以及外向开放;后者则孕育了以家族礼教为核心的宗法文化,强调传承、对土地的依赖以及内向温和。本部分选取区域文化、系统论、教育观等维度对中西方德育进行比较。

(一)从区域文化看德育

文化是分享某种共同特征的人长时间积累的知识、信仰、价值观、宗教、时间概念、空间关系、宇宙观等一系列沉淀物的总和。一方面,德育受制于社会文化;另一方面,德育促进社会文化的变迁和转型,在目标上体现民族精神,在内容上反映传统文化的核心价

---

① 于洪波,向海英.古希腊与古中国道德谱系溯源及比较:"地缘文明"的视角[J].教育研究,2013(2):134-139.

值,并根据时代特点进行创造性的转化。① 这种文化属性赋予了德育工作"认同、整合、提升、引领文化"的使命②;而德育的代代相传也强化了文化的延续性。

中西方传统文化中的价值观存在差异,这也直接影响了德育理念和实践。中国传统文化强调孝道、忠诚、诚信等价值观,注重个人与社会、家庭的亲密关系,注重培养人的道德品质、社会责任感和集体意识,强调个人的社会角色和责任。在中国,高校德育更多的是通过德育课程、榜样宣传、主题教育等规范性方式开展。西方社会更加凸显个人主义的价值观,其德育注重个人选择和独立思考,注重培养学生的批判性思维和自主性。中西方德育有不同的工作重点和方法,了解这些差异可以促进不同文化背景下的德育的交流与合作。

另外,中西方在家庭德育的方式和理念上各有特点。在中国,家庭教育是学校教育的重要内容之一,父母会在家庭中对子女进行德育在内的各类教育;西方国家的家长与子女的交往相对来说更加自由随性,父母更注重培养子女的个性。

总体来说,德育方面的区别主要是由文化背景、教育理念和社会环境等因素决定的。每个民族都有自己独特的历史起源,并通过一系列的历史事件演化而最终形成一种共同体。特殊的历史记忆和文化基因塑造了群体独特的精神特征,进而使该群体与他者区分开来。在经济全球化和文化多元的背景下,地域之间不同的

① 韩华球.文化视域下我国德育课程改革反思[J].教育学报,2014(2):65-69.
② 孙晓峰,孙曼娇.全球化背景下高校的文化德育与德育文化探析[J].思想政治教育研究,2010(5):103-107.

价值取向可能会出现紧张或冲突状态[①],具体表现为传统文化的主体性地位受到其他文化的冲击。中西方德育的差异是不同的文化和价值观的反映,但都是对所属公民有意识的道德规范和行为引导,体现国家政治形态,追求各自国家核心价值体系下的社会统一性。

就我国来说,德育的发展需要更注重文化自信的树立,保持自身文化定力,汲取传统文化养分,立足中国特色。

(二)从系统论看德育

随着德育理论和实践的不断发展,人们逐渐意识到德育是一个复杂的系统工程,德育的主体、环境、方法等要素,彼此之间密切相关。

在德育观层面,有学者主张德育应重点维护社会传统和秩序,能够培养人的纪律性、责任感和忠诚心,使其成为对社会有用的成员。有学者主张德育应重视个人自由与平等,能够培养人的批判性思维和创造力,使其成为自主的个体。有学者主张德育应讲究实用性和效益,能够培养人的职业技能和社交技能,使其符合现代社会的用人需求。有学者主张德育应强调人的尊严和价值,能够培养人的同情心、理解力和人际交流能力,使其具备良好的道德品质。有学者主张德育应凸显综合性和整体性,能够培养个体的技能、品德和情感,使其成为全面发展的人。

在德育要素方面,有传统的"主、客、介"(教育者、受教育者、教育中介系统)三要素说,"主、客、介、环"(教育者、受教育者、教育

---

① 万俊人.经济全球化与文化多元论[J].中国社会科学,2001(2):38-48.

中介系统、教育环境)四要素说,以及五要素说、六要素说、十要素说等。

在德育主体方面,有基于等级关系的"单主体论",有基于人本理念的"双主体论",有基于师生平等关系的"多主体论",有基于生态理念的"多元主体论",还有本书将要介绍的基于主体间性理论的"互为主体论"。

在德育方法论方面,从高校德育来看,有"主—客"二元模式,高校辅导员是主体,是德育教育的组织者和实施者,大学生是客体,主客体之间是一种严格的等级关系。有"主—介—主"的双主体模式,包括辅导员和专业教师在内的教育者和学生均为主体,教育者不是照本宣科,学生不是被动全盘接受,双方相互作用、形成合力。这个模式的不足之处是将高校德育局限于师生个体之间。还有"多元主体论",认为介体和环体中有主观能动性的元素均可以充当主体。"多元主体论"拓宽了德育视野,但也模糊了界限,接近于"无主体"模式,使教育者对德育的把握容易脱离具体的政治、经济与文化背景,只见"人"这一主体,无视主体之间交往的基础和过程。具体表现为,在高校辅导员工作的具体教育教学实践过程中过于强调辅导员或者大学生的主体地位,但忽略了主体之间的关系。当代教育哲学正在经历从实体本体论到关系实在论的变革,这是教育方法论的转向。在教育管理学理论中,人与财、物等因素不应是平行的或者等同的要素。随着科学的发展和教育哲学观念的转变,实体观逐渐为强调关系的主体间性观所取代,机械论、实体论逐渐被系统论、关系论所取代。

德育的环境因素对德育成效的影响是重要的。美国学者詹姆斯·科尔曼认为,学生对自我发展的追求,主要受学校和家庭的影响,受学校和更大范围的共同体中的关系、规则和信任的影响,受学生在共同体目标发展和提升中形成的归属感、认同感、责任感的影响。用社会资本理论来解释：个体的成长必然离不开工作和生活场域中不同群体的关注和支持，他们构成了个体成长的社会资本；个体获得的社会资本，很大程度上决定了个体成长的结果。

（三）从教育观看德育

中外德育的学校差异较为明显。以中美两国为例，在中国，德育一直被视为教育的重要组成部分，从小学到大学，德育课程都是必修课程。而在美国，德育通常只是作为课外活动或社会服务项目的一部分。在中国，高校德育注重直接教导学生接受正确的政治观、价值观和道德观。在美国，高校德育强调培养学生的思辨能力和创造力。在教育的方式方法上，我国高校主要采用课堂讲授和专题引导的方式，美国高校主要采用讨论、互动和自主学习的方式。这与中美两国的教育理念是相对应的。我国的学校德育实践层次鲜明，小学阶段强调思想品德和行为规范，中学阶段侧重人生观、世界观和价值观的初步培育，大学阶段强调德育的系统化和专业化，学生要形成正确的人生观、世界观、价值观。高校德育实践不是孤立的教育活动，而是与各种场合、各种内容、各种形式的教育活动息息相关。

从高等教育来看，美国的高校"德育"可谓"有实无名"，它不仅融合在道德、法制、宗教和历史等领域的教育中，也渗透在工程教育等专业教育中，以及教师管理等具体的事务性工作中。当前，针对美国高校的"思想政治教育"和"德育"工作进行的探讨不够充分，主要是因为德育本身的复杂性和综合性，以及政治和社会制度的差异性。但美国的高等教育蕴含具体而有效的德育功能，这一观点已得到普遍认可。美国高校的德育注重培养学生的道德意识、伦理意识、公民意识以及社会责任感。其中,道德方面主要包括诚信、正义、责任、尊重和同情等基本道德原则;伦理方面强调学生应具备正确的价值观和判断力;公民意识方面则强调学生应该具备参与公共事务的意识和能力。

我国高校德育注重传承与弘扬中华优秀传统文化。首先,传统文化是我国高校德育的重要内容之一。高校的课程设置和校园文化建设,注重传统文化教育,通过古代经典、文学艺术、礼仪习惯等方面的教育,培养学生的文化自信和文化认同。其次,传统文化是我国高校德育的重要依据。传统文化强调道德、礼仪、廉耻等方面的教育,这与我国高校德育的目标和理念高度契合。传统文化也是我国高校德育思想的重要资源之一。传统文化具有很高的教育价值,高校通过挖掘传统文化的内涵,提高德育质量,培养更多的综合性人才。总之,我国高校德育与传统文化紧密相连。在具体的德育目标中,培养学生的独立思考能力、责任感、自律意识以及尊师重教、实事求是等品质,都体现了对中华优秀传统文化的传承。

随着我国高等教育的不断发展,德育的内涵必然会不断延展。目前,西方学者对我国的传统文化和教育持有偏见,不能准确理解我国的德育理论。我们应该自信地直面类似偏见。一方面,国内的德育理论专家要以高超的学术能力总结和提升我国的德育思想、观点和方法;另一方面,要以德育的最终成效(源源不断地培养出有良好德性的人才)验证我国德育的丰富内涵。

第二章

主体间性与高校德育

一、主体间性的概念

随着哲学和社会科学的发展,许多新的流派如行为主义、人本主义、认知主义、建构主义等相继产生,对现代教育学产生了深远影响,也为我国高校德育工作提供了理论借鉴。杜威提出"教育即生活"的主张,从高校德育实践的角度理解,即德育的育化结果,很大程度上是在共同体中的主体之间的互动和反馈,承担主体角色的每个个体在构筑自身各种关系和关联的过程中得到更多的社会资本,从而成功建构自我。

"主体间性"原本是哲学概念。其提出者,有人说是法国哲学家列维-施特劳斯,有人说是胡塞尔,还有人说是拉康,不一而足,笔者将在下文简要梳理。在哲学领域中,主体间性理论是一种关注主体之间相互作用和相互建构的理论,强调主体之间的相互关系对文化、语言、社会及个体的建构作用与塑造作用。后来,这一理论进一步应用于社会学、心理学、语言学、人类学等领域。

主体间性,有主体际性、交互主体性、共主体性、交互主观性、共主观性等说法。主体间性的英文是 intersubjectivity,由 inter 和 subjectivity 两部分组成。inter 是介词,可以理解为"之间";subjectivity 是名词,可以理解为"主体性"和"主观性"。主体间性也译为"交互主体性""共主观性"。

笔者认为,主体间性是当代哲学消解一元主体,用对话理性、交往理性取代主体中心理性的基础性论题,是国内哲学界当前的热门概念。

二、主体间性理论的发展脉络

　　人类社会是由多个主体之间的相互关系和互动关系所形成的关系总和。近代哲学对主体性凸显的讨论,催生了现代哲学对主体间性的关注。现代哲学的学者在思考主体性哲学问题之际,把主体间性当成克服主客二分的问题的可能途径进行研究。当然,"主体间性"这个术语的出现和现代概念的产生并非同步。以下简要梳理其发展过程。

　　笔者认为,主体间性的理论萌芽于德国古典哲学时期。古典哲学的代表学者之一、国家主义哲学家约翰·费希特最早提出了主体间性的哲学思想。费希特被认为是连接康德和黑格尔两位伟人的哲学思想的代表性人物,他寻求的是对以康德唯心主义思想为代表的哲学思想的统一。他认为,世界存在首先是"自我",自我是知识的主体,也是意志的主体。他在对康德哲学的研究中曾经阐述过自我与非我的统一问题,证明了每个自我的意识产生依赖于自我对非我的把握。像康德一样,费希特也相信内在精神的价值、人性的合理性、自我责任,以及自由的重要性。费希特认为,主体的自我意识不是孤立存在的,而是通过与他人的交往和互动才得以形成。主体在与他人的互动中,通过认知和反思自己与他人的关系,形成了自我意识。他认为,各个主体之间都不存在高低贵贱之分,都是自由的、平等的,都有自己的自由意志和自主能力,可以自由地决定自己的行为和选择。但是,主体间的关系不是单向的,而是相互作用的。每个主体都可以通过与他人的交往和互动,影响和改变他人的行为与意识,同时也会被他人的行为与意识所影响和改变。

马克思在他的著作中多次称自己的哲学是"实践的唯物主义"哲学,"实践"应该是一切理论的基础。他虽然没有明确对主体间性作出阐述,但是在他的相关论述中包含了丰富的主体间性思想。我们从中能看到马克思主义哲学理论的超时代性,其不仅能凸显时代特征,而且能指向未来发展。马克思的主体间性思想主要是指,人类社会是由许多个体相互作用和联系而形成的一个整体,每个个体都是社会的一部分,都受到社会的影响和制约。国内学者很重视马克思主义的主体间性思想,有的从社会学角度展开研究,有的从交往实践角度进行探讨。马克思的关系理论是主体间性、客体间性以及主客体性的统一。一个人的发展取决于和他直接或间接进行交往的其他一切人的发展。最高形式以主体之间的和谐交融性为特征,表现为人的全面发展。马克思主义理论注重从实践唯物主义角度出发讨论问题,肯定了主体间性理论的丰富性和适用性,也丰富了马克思主义哲学中的人学理论。

狄尔泰为主体间性理论的发展提供了思考原点。他致力于研究知识、心理、生活的相互关系,提出人类社会是由文化和历史构成的,每个个体都是文化和历史的产物,都受到文化和历史的影响和制约。个体的行为和意识是具有意义和价值的,每个个体都有自己的价值观和人生目标,而这些价值观和人生目标是由文化和历史塑造的。个体的行为和意识通过使用自己所处的文化和历史语境中的语言和符号来表达。个体与社会的关系是相互作用和制约的,个体的行为和意识会对社会产生影响,社会的制度和结构也会对个体的行为和意识产生影响。在个体"知识的结构关联"中,知识被分为"自然科学"与"精神科学"。狄尔泰认为,对自然的说明必须立足于自然现象的观察和实证研究的方法;对人的精神生活,需要先体验,再予以直接诠释。对"自然科学"的研究过程是"发现"的过程,基础是感性经验(外在经验);对"精神科学"的研究过程是"理解"的过程,基础是体验(内在经验)。进而,在对"精神科学"的哲学分析中,狄尔泰注意到人的知、情、意的意识行为与人在社会生活中的行为相关联,人的生活目的把人的心理结构与人的生活结构结合在一起;人的生活是人的感性经验和内在体验的统一,是"自然"和"精神"的统一,是思想和行动的统一,是个体性与社会性的统一,是现实性和历史性的统一。狄尔泰的哲学思想,为主体间性理论提供了两个思考原点:其一,人是历史的和社会的人,人的世界观是在社会历史的条件下形成和发展的;其二,知、情、意的普遍有效性在于以体验为根据的事实。

胡塞尔是德国哲学家,是现象学派的创始人,被誉为现代西方哲学的重要代表之一。胡塞尔的哲学思想主要集中在现象学和意义哲学方面,他首先提出了"主体间性"哲学术语,主要是指人类社会中的个体之间存在着相互作用和交往的关系。胡塞尔的著作难读的一个主要原因,是他发明了很多术语,且部分术语没有众所周知的明确定义。他在《逻辑研究》一书中提出了"主体的社会性"(sociality of the subject)这一概念,即每个主体都是身处于社会中的,受到社会和他人的影响和制约。"几个世纪来,几乎没有人对从自我及其认识生活中推出'外部世界'可能的'不言而喻性'从根本上提出异议,没有人真正对就这种自我学的存有领域而言的一个普遍的'外部世界'能否有意义提出疑问。"①

　　基于此,他进一步提出了主体间性这一概念,强调了人类社会中的个体之间存在着相互作用和交往的关系。他认为,主体不仅是自我意识的主体,也是与其他主体相互关联的主体。他强调了主体之间相互作用和相互建构的重要性,认为主体间性是理解意识和世界关系的关键。胡塞尔认为,主体间性是一种关系,而非主体本身的属性。主体间性的存在使得主体之间存在着相互作用和交往,这种交往可以加深主体之间的互动和理解。他还认为,主体间性是构成"世界间性"的基础,因为主体之间的交往和作用构成了人类社会和文化的基础,而世界间性的存在依赖于人类社会和文化的存在。主体间性是通过共同经验实现的,即主体之间通过共享同样的经验和观念,来建立起相互理解和交往的基础。"彼此意识"是实现主体间性的关键,即主体之间通过意识到彼此的存在和相互作用,来建立起相互理解和交往的基础。在胡塞尔看来,传统哲学往往将主体看作孤立的、自足的存在,而忽略了主体与其他主体之间的相互关系和相互作用。他认为,主体的意识和主体的行为都是在和其他主体相互作用和相互建构中发生的,因此主体间性是理解主体和世界关系的重要概念。胡塞尔的"主体间性"概念对后来的社会、政治和文化哲学都有着深远的影响,成为现代哲学的一个重要概念。

　　舒茨继承和发展了胡塞尔的主体间性理论,将现象学和社会学相结合,建立了一种新的社会现象学。他的研究重点是人类社会中的意义和行动,并特别关注主体间性的问题。他强调日常世

---

　　① 胡塞尔.欧洲科学危机和超验现象学[M].张庆熊,译.上海:上海译文出版社,1998:96.

界的主体间性特点,认为世界是"我们的"而非"我的":人的社会生活的世界不是一种客观意义上的系统,而是充满了能动性主体的共享。在他看来,胡塞尔没有强调沟通和交往的中介性,没有凸显语言的沟通作用,因而也没有探讨沟通得以可能的具体要求和条件,其根本缺陷在于只强调了主观性和主体性,没有进入生活世界的具体研究中,局限于在以主体自我为基点,没能解决交互主体性问题。舒茨认为,主体间性不是一个可以在先验领域解决的构造问题,而是生活世界的一种被给予性。^① 舒茨主张通过对主体间性的研究,揭示人类社会中个体之间的相互认识和相互理解的过程。他认为,人类社会中的个体之间不仅存在着客观的关系,更存在着主观的关系;我们的日常生活世界从一开始就是一个文化上的主体间性的世界。之所以是主体间性的,是因为我们居住其中,如同我们居住于他人之中,受制于他人,经由共同的影响与工作而了解他人,同时成为他人了解的对象。主体间性是一种通过符号和意义交流实现的相互理解的过程,是人类社会中个体之间相互作用和交往的基础,从而产生主观的关系。舒茨的主体间性理论是以承认社会生活世界的先在性为前提的,认为主体间性不是主观性地建构起来的,而是原初的、自然发生的。主体间的互动关系,直接构成了生活世界的具体内涵。他提出了"共享意义的世界"(the world of shared meanings)这一概念,认为人类社会中的个体在共同的意义和符号体系中建立了相互理解和相互认识的关系。他主张通过对共享意义的世界的研究,揭示人类社会中个体之间的相互关系和相互作用,以此来探究人类社会的本质和意义。

———————

① 张浩军.主体间性与构造:论舒茨对胡塞尔的批评[J].哲学研究,2018(3):100-108.

舒茨的主体间性观点对现代社会学和现象学都产生了深远的影响，为社会现象学的形成和发展提供了重要的理论基础。他的观点强调了人类社会中个体之间的相互理解和相互认识的过程，对于理解人类社会的本质和意义具有重要的启示意义。

拉康的研究重点是人类主体性和语言，特别是语言对主体建构的影响。在此基础上，他提出了主体间性相关观点。他在1953年对言语作用的分析中，将"主体间性"正式作为一个哲学研究的专有名词提出。因此有学者认为，主体间性是拉康提出来的。拉康主张，人类主体性的形成是在语言和符号系统中完成的。语言是人类社会中的一种符号系统，通过语言的使用，人类主体建构了自我和他人的概念。他强调，主体间性是在语言和符号系统中实现的，人类主体只有通过语言和符号系统的使用，才能建立相互理解和相互认识的关系。他提出了"镜像阶段"（the mirror stage）这一概念，认为人类主体性的形成是在镜像阶段完成的。在镜像阶段，婴儿通过镜子中反射的自己的形象，建立了自我和他人的概念。此后，婴儿开始使用语言和符号系统，进一步建构自我和他人的概念，并形成了主体间性的关系。拉康的哲学是一种有关主体与主体间性的哲学，但这个主体是分裂的或离心化的，主体间性在他的理论中，不是"主体"之间的关系，而是一种并不存在的"主体"本身自我构筑的方式。他对黑格尔《精神现象学》中的"奴隶和主人"进行了重新描述。他认为，当看守为了看守囚犯而固定在看守岗位上的时候，他就成了囚犯的"奴隶"，从这个角度来看，囚犯就成了看守的主人。言语行为本质上是主体间性的过程，主体是由其自身存在结构中的"他性"界定的，这种主体中的他性就是主体间性。拉康的主体间性观点强调了语言和符号系统对人类主体性及主体间关系的建构作用，这对于理解人类社会中个体之间的相互关系和相互作用具有重要的启示意义。

　　伽达默尔建立了一种新的哲学方法论——现象学解释学(hermeneutic phenomenology),并在此基础上探讨了主体间性的问题。他认为,人类主体性不是孤立存在的,人类主体性的理解必须建立在对文化传统和历史语境的理解之上。真正的历史对象根本就不是对象,而是自己和他者的统一体,或者说是一种关系。[①]他将语言视为本体论意义上的存在,并认为语言属于人的生活世界,世界就是体现在语言中,世界是用语言来描述的。他认为,理解是人存在的最基本模式。伽达默尔没有完整明确地论述主体间性思想,但他的哲学解释学中隐含着主体间性,如读者对文本的解读,读者与作者的交流、沟通。读者与作者之间的理解具有历史性,读者只有进入历史才能理解作者。伽达默尔看到了理解者的历史性,强调了"我"同他人的内在相关性即解释主体的"处境性"离不开解释主体与解释对象之间、文本与当下之间的关系,离开了这些"之间",解释就不能发生。当我们进入历史,便构成了历史和现代的整体世界,我们能够获得一种更高层次的、超越了自己的、更为广阔的视域,实现自我提升。因此,在对主体间性的理解中,伽达默尔强调了语言的重要性。在他看来,语言已不是一种交流沟通的手段,而成为人的一种存在方式。伽达默尔提出了"视域交融"(fusion of horizons)的概念,认为理解是一种创造性的视界融合的过程,也是一种对话过程。在理解过程开始之前,语言已经预先规定了文本和理解者双方的视界,而理解过程本身就是理解者与文本双方寻找和创造共同语言的过程,在理解中发生的视界融

────────────

　　① 伽达默尔.真理与方法:哲学诠释学的基本特征(上卷)[M].洪汉鼎,译.上海:上海译文出版社,2004:387.

合是语言的真正成就。总之,伽达默尔的主体间性观点强调了个体和文化传统之间的相互作用和相互支持的关系,以及对话和交往在主体间性建立中的重要性。他的观点对于理解主体间性的实践性具有重要的启示意义。

海德格尔也建立了一种新的哲学方法论——存在论(ontology),并在此基础上探讨了主体间性问题。他认为,对人类主体性的理解必须基于对存在的理解。作为胡塞尔正式的接班人,海德格尔在其存在主义的理论中也涉及了对主体间性的讨论。他将人作为"此在",而"此在"存在状态的基本结构为"在世",其中的一种非本真状态"共在",即沉沦于日常生活中。自我与他人无情竞争、意欲取胜,结果反而为公众的好恶所制服,养成了人云亦云、模仿他人的习气——人家怎样享乐我就怎样享乐,人家如何阅读我就如何阅读,这样自我就丧失了个性,成为无个性的"常人"。从某种意义上来说,"共在"也是主体间性的一种体现。此在就是相互并存的存在,与他人一道存在:与他人在此拥有这同一个世界。① 理解与对话,实际上就是主体间性的一种表现。海德格尔主张,人类主体性是存在世界中的一种存在方式,个体的认识和理解是通过存在世界的活动实现的。因此,他提出了"存在—他者"(dasein-mitsein)这一概念,认为人类主体性和他者是相互交织、相互依存的关系。

列维纳斯提出了"他者"这一概念,认为人类主体性的建立必须建立在对他者的理解和尊重之上。人类主体性的建立不是通过对自我意识的反思和建构实现的,而是通过对他者的理解和尊重

———————

① 海德格尔.海德格尔选集[M].孙周兴,选编.上海:上海三联书店,1996:13.

实现的。他认为,他者是一个独立的主体,不应被看作一个客体或工具,主体应该尊重他者的存在和权利,并与他者建立联系和互动。他提出了"无限责任"(infinite responsibility)这一概念,认为主体应该对他者的存在和需求负有无限的责任和义务。他认为,主体不应该将他者看作一种资源或工具,而应该尊重他者的存在和权利,并愿意为他者的利益和幸福付出代价。虽然列维纳斯的观点比较激进,但是他提出的"对他者的理解和尊重对个体主体性的建立具有决定性作用",有一定的实践意义。

萨特作为存在主义的集大成者,受海德格尔思想的影响十分深远。他开创了存在主义哲学,强调人的自由和选择。在他的哲学思想中,主体间性有重要的地位。他提出了"为他"的概念,强调个人在选择时不仅要对自己负责,而且要对他人负责,个人必须把他人的自由当成个人自由的目标,如此才能实现个人自由。因此,个人自由和他人自由始终处于对立与冲突之中,这就引出了他的那句著名论断:他人即地狱。萨特理论中的主体间性,体现在自我对他人不可推卸的责任中。"他人,就是不是我和我所不是的人。这不是指有一个虚无是分离了他人和我本身的特定的成分,或说在他人和我本身之间有一个进行分离的虚无。这个虚无不是起源我本身的,也不是起源于他人或他人与我本身的相互关系的;而是相反,它作为关系的最初的不在场,一开始就是他人和我之间一切关系的基础。"①他认为,人类主体性是在与外界的互动和联系中实现的。通过与他者的交往、互动和对话,个体的自我和主体性在这些关系中不断建构。因此,他提出了"存在—他者"(existence-

① 萨特.存在与虚无[M].陈宣良,等译.北京:生活·读书·新知三联书店,1987:308-309.

others)这一概念,认为人类主体性和他者是相互依存、相互交织的。他主张通过对话和交往的方式来建立主体间性。

法国哲学家施特劳斯的哲学思想对主体间性理论的发展有重要贡献。施特劳斯认为,主体间性是一种根本的伦理关系,是指在人类之间建立起的不对称、非自主和非自我中心的关系。他认为,主体间性是一种超越自我和身份认同的关系,是一种对他人存在的响应和承认。在施特劳斯的哲学中,主体间性是一种绝对他者性(absolute alterity),它要求我们面对他人时放下自己的偏见和利益,真正尊重和关注对方的需求和权益。在这种关系中,我们必须承认自己永远无法完全掌握他人的需求和存在,必须接受自己永远受到他人的影响和限制。施特劳斯的主体间性理论强调了人类之间的道德和伦理关系,认为主体间性是一种无条件的责任和义务,要求我们以他人为中心,关注他人的需求和权益。这一理论对于深入理解人类社会行为和相互关系,进一步探讨人类社会的道德和伦理基础有着重要的意义。

罗蒂提出了"语言间性"(linguistic inter-subjectivity)这一概念,认为语言是主体间性的基础。作为后哲学文化的倡导者,他认为哲学应当舍弃对绝对真理的追求,走出传统"镜式哲学"的阴影,转向彼此之间的对话和理解,将对话和理解作为自己主要的理论主张。在真理问题上,他把理解真理的框架从心灵与实在的关系转向了主体与主体的关系,认为真理依赖"协同性",即人们之间意见的一致性。同时,他认为,人类主体性是通过语言和文化得以实现的。语言和文化是一种社会约定,能够影响个体的思维和行为,并在社会中建立起一种共同的秩序。因此,他强调了语言和文化在主体间性问题中的重要性,即语言和文化是主体间性的媒介和载体,能够促进个体之间的交流和理解。罗蒂提出,传统哲学进入了新的发展时期,主体与他者的二元对立逐渐消除,人们关注和追求的是主体间的交互。

哈贝马斯提出了"沟通间性"(communicative inter-subjectivity)这一概念,认为沟通是主体间性的基础。哈贝马斯是当代最知名的哲学家、社会学家,是西方马克思主义中坚力量的代表,他主张将主体间性作为一个突出的社会现实问题和社会历史问题,提出了著名的"交往理性"概念及其理论体系,贯穿其学术研究的中心线索是交往行动(communicative action)和生活世界问题。他认为,人类是社会性动物,能够通过语言和理性实现互动和交流,并在社会中建立起一种共同的秩序。因此,他主张通过沟通和理性的交流来建立主体间性,推动人类社会的和谐发展。在研究交往行为的出发点上,他和舒茨一脉相承,即从日常的生活世界出发,重视语言和沟通的作用。但相较于舒茨,哈贝马斯更注重实践的作用,发现了实际言语沟通过程的无效性,得出必须用这些原则来改变现实这一革命性结论,凸显了其作为批判学派代表的特色。

综合以上梳理,笔者认为,主体间性是关涉人类主体之间的相互作用和关系的一个哲学概念和社会学概念。在哲学领域,主体间性是指人类主体之间相互认知、相互理解、相互作用和相互影响的现象。主体间性是主体性哲学的重要内容。主体性哲学强调人类主体的自主性和自由意志,但也承认人类主体之间的相互作用和关系。主体间性理论认为,人类主体之间存在相互认知、相互理解、相互作用和相互影响的现象,这种相互作用和关系是人类主体自我意识形成和发展的基础。例如,费希特的主体间性哲学观点认为,每个主体都是自由、平等的,都有自己的自由意志和自主能力,可以自由地决定自己的行为和选择。主体间的关系不是单向的,而是相互作用的,每个主体都可以通过与他人的交往和互动,影响和改变他人的行为和意识,同时也会被他人的行为和意识所影响和改变。

在社会学领域,主体间性更多地强调人类主体之间的社会关系和交往。人类社会的存在和发展依赖于人类主体之间的相互作用和关系,每个人都是通过社会关系和社会交往来获得自我认同和社会认同的。在主体性上,社会学学者从关注主体与客体的关系转向关注主体与主体的关系,并强调自我主体与对象主体之间的共生性、平等性和交流关系。比如法国社会学家波尔多认为,主体间性是通过"社会场"实现的,人类主体之间通过共享同样的社会场,来建立起相互理解和交往的基础。

当然,在不同的领域,主体间性的含义是不断延续和发展的,指向的是主体与主体之间的统一性。主体间性还有一种普遍主义和个体主义的意义,任何一个主体都应该受到所有其他主体的同等尊重。

三、主体间性视域下的高校德育

由前面的梳理可知,主体间性是哲学和社会学领域关于交往和沟通的概念,指的是人类之间的相互理解和交流,即在社会交往中,人们能够通过对话、共享经验和情感等方式实现相互理解和共同认知的过程。主体间性理论对于深入理解人类社会行为及相互关系具有重要的意义。笔者认为,德育工作可以描述为这样一个过程:基于以语言为主的交往和互动方式,通过"社会场"或以文化为基础的"共同体",借助语言和理性实现互动和交流,实现主体与他者的二元对立逐渐消除,并在"社会场"或"共同体"中建立起一种共同秩序,促进个体主体的社会认知和社会情感内化于心,进而升华为价值观的过程。

现实社会中的人际关系可分为工具行为和交往行为,工具行为是主客体关系,而交往行为是互为主体的交互行为。交互行为强调对话、理解、交流、思考以及对人类活动的关注,通过对主体间性的行为思考,完成当代哲学对现实挑战的回应。它反映了当代哲学发展的一般倾向,即回到生活,回到实践,回到现实,回到人的真实生存本身。人类世界并非单一主体的世界,而是复数主体间相互交往形成的世界。没有复数主体的交往,人类社会也就不会存在。事实知识不是经由某人的观察得来的,而是必须能够与他人交流与分享的现实存在。独立观察事实的理性个人，通过对话、理解、交流、思考，得出一致结论，最终内化于心。这样的人类交互过程，是具备主体间性理念的。①

哈贝马斯从社会现实和历史问题出发，提出交往行为理论，认为主体间性是指主体与主体之间的相互性和统一性，是不同主体在语言和行为上的平等交往和双向互动。其间，不同主体通过交互达成共识，通过共识表现产生一致性。社会学领域的主体间性，关注人际关系和社会群体的价值观统一问题，研究的是作为社会主体的人与人之间的关系以及价值观念的统一性问题。社会学角度的主体间性研究，还探讨自我主体与对象主体间的共生性、平等性和交流关系，提倡交往行为，从而建立互相理解、沟通的交往理性，达到社会性的统一与和谐。笔者认为，可以应用主体间性理论，结合时代特点，借鉴国外有效的德育实践，改进我国的德育理论和实践。以下从高校德育的人本立场、交互场域、实践路径和载体等方面来分析。

（一）坚持"以人为本"的立场

关于"以人为本"，不同学者有不同层面的阐述。夏甄陶强调，以人为本中的"人"是教育的目的，以人为本就是既尊重他人，也懂得自尊②；黄楠森认为，"不能把以人为本理解成以个人为本，尤其不能理解成以我为本。一个社会，人人都是中心，每一个人不但不

---

① 风笑天.社会研究方法[M].5版.北京：中国人民大学出版社，2018：95.
② 夏甄陶.论以人为本[J].杭州师范学院学报（社会科学版），2003（3）：63-68.

关照他人和社会,而且按照自己的需要要求于社会,那就只能天下大乱了"①。林德宏从价值论的角度强调"人是目的,人是关键","一切为了人,一切依靠人"②;韩庆祥从三个方面阐述了以人为本的内涵:其一,以人为本肯定了人在社会历史发展中的主体作用与目的地位;其二,以人为本是一种思维方式,在分析思考、解决问题时,要用人(或人性化)的尺度来衡量和把握;其三,以人为本是为了人并实现人的现代化的价值取向,"在人与社会的关系上,强调促进人的全面发展;在人与人的关系上,强调公正,关注弱势群体;在人与自身的关系上,强调人的合法权利,尊重人的能力差异,尊重人的个性、尊重人的独立人格"③。

马克思认为,人的全面发展要求人以一种全面的方式,也就是说,作为一个完整的人,占有自己的全面的本质。而为了实现所有人的全面发展,首先必须实现单个人的全面发展。因此,人的全面发展并非同质化的均衡发展,而是异质化的个性发展。而"全面"也并非一个完整的过程,而是一个逐渐生成的状态。人的全面发展就是要求高校德育回归"关注人、培养人、发展人"的立场,引导大学生成人、成长和成才,最终取得成就。

胡塞尔的现象学方法论提出,主体性是指个体性,主体间性是指群体性,用于标识多个主体之间所具有的所有交互形式。他认为,从生物个体人的生活世界向人类社会世界的过渡,是通过"主体间关系体"来完成的。主体间性既包含社会性,也包含个体性。

---

①　黄楠森.马克思主义与"以人为本":回答以人为本研究中的几点疑问[J].中华魂,2004(5):52-53.

②　林德宏."以人为本"刍议[J].理论参考,2004(6):17-18.

③　韩庆祥."以人为本"的科学内涵及其理性实践[J].河北学刊,2004(3):67-73.

主体间性既否定原子式的孤立个体观念,也反对社会性对个体性的吞没。主体是以主体间的方式存在的,其本质又是个体性的,主体间性就是个体保持个性的主体间的共在。

高校的德育工作,不论是在德行的养育上,还是在角色的塑造上,最终都应该服务于人的全面发展。总之,人的全面发展是指每个人都能得到的允许异质化的个性发展、平等发展、完整发展、和谐发展与自由发展;它既具有个体性,也具有社会性。人的全面发展的过程是一个不断接近和达到理想目标的历史过程,而高校德育正是要从马克思主义以人为本的基本立场出发,将学生的全面发展作为根本宗旨。

(二)营造主体平等交互的场域

伽达默尔认为,个体的认识和理解是通过与他人的交往和对话实现的,个体的主体性和文化传统是相互交织的。他提出了"主体—文化共同体"(subject-culture community)这一概念,认为人类主体性和文化传统相互作用、相互支持。他强调对话和交往的重要性。通过对话和交往,个体可以从他人那里获得新的视角和思考方式,进而加深对自己和世界的理解。在德育过程中,可以运用主体间性的方法论来指导主体间的沟通和交流活动。在高校"主体间关系体"中的交流过程中,教师、学生、社团等各类群体,实际上都可以视为主体。一个主体应该以平等和尊重的态度对待另一个主体,尊重不同主体的意见和想法,建立平等的交流关系。

高校最主要的主体是教师和学生,最主要的德育对象是学生,最主要的"主体间关系体"是教师与学生形成的关系体。以高校教师与学生形成的关系体为例,高校德育中的其他各类主体都应该关注大学生的需求,倾听他们的声音,并在交流中充分考虑他们的感受和立场;鼓励大学生表达自我,尊重他们的个性差异,促进交流和理解。通过开展人文关怀教育、心理健康教育等活动,引导大学生对自我和他者进行反思,培养他们的人文关怀意识和同理心。

信息时代的德育工作面临新的机遇和挑战。一方面,全球化对地域主体文化产生不可避免的冲击;另一方面,互联网的去中心化进一步消解传统话语体系。目前,互联网已成为高校德育工作的主要阵地,把握好线上多主体的交互方式,成为高校德育工作的重点内容。首先,网络的特性是空间的开放性和言论的自由性。在这样的环境下,大学生因为心理上尚不成熟,易受社会环境和多元思潮影响,从而在道德意识、道德情感、道德行为等方面受到网络舆情的影响。其次,从本质上来说,高校德育是一门运用话语实现教育目的的社会实践活动,具有特定的话语体系。然而,在网络"微时代"背景下,高校德育话语权发生了新的变化。一方面,高校德育主体的话语权得到了空前的释放和提升,为提高话语权的影响力提供了新的机遇;另一方面,道德话语在传播中的流失或"稀释"、话语平台建设的不完善及有效行使话语权的外部机制的欠缺,动摇了高校德育工作者的话语权,以至于出现话语权滥用、话语权失范等情况。因此,高校德育工作者需要在网络环境下加强话语权建设,引导学生树立正确的道德观念,并做好网络道德风险防范工作;同时,要提高大学生对信息陷阱的识别能力,增强对数字毒素的抵抗能力,提高网络自律意识,树立正确的信息技术道德观。

营造多主体间平等交互的场域是新时期开展德育工作的关键。例如,组织团队活动、志愿服务、座谈会等,让不同文化背景、不同观点的学生自由地交流和表达自己的想法;培养批判性思维,鼓励学生独立思考、自主学习和自我管理。鼓励师生之间相互探讨,教师要主动创造和营造条件,鼓励学生就自己的真实想法进行交流和辩论,尊重学生的观点,学会倾听,学会包容。

(三)贴近社会生活

海德格尔强调了存在世界中的共同体生活(笔者认为,主要指人类的社会生活)在主体间性问题中的重要性。他认为,通过共同体生活,个体可以从他人那里获得新的视角和经验,进而加深对自己和存在世界的理解。他主张通过共同体生活的方式来建立主体间性,推动人类社会的发展。他强调了存在世界中个体和他者之间的相互依存性和相互交织性,以及共同体生活对于建立主体间性的重要性。德育路径的社会化是指学校的德育内容已从追求理论知识的传达转向社会生产实践,关注内容以社会发展为基础,关注重点与社会发展需要相一致,将德育工作内容回归社会的需要与人们的生活实践。德育内容随着社会发展不断变化。我国古代的德育以儒家文化为核心,为国家统治和社会稳定服务,教导人们按照一定的规范行事。当代社会发展更加注重持续性、有序性。一般来说,高校是学生走入社会前的最后一站,因此,高校德育实践的路径应该贴近社会生活。

一是适应生活化的交互方式。高校德育工作的生活化,是指以贴近大学生实际的生活化的方式,将对真善美的追求渗透于大学生活的点滴,使大学生在生活中体验、感受、理解与认同德育内容。德育引导的根本宗旨就是把人培养成自觉的生活建构者。生活论德育倡导,道德学习要使人学会关注生活、反思生活、改变生活。① 生活中的德育,具体范围很广,包含爱的教育、理想和信念的教育、法纪的教育、人格的教育、政治的教育、民主的教育等。② 德育起源于现实生活,生活中的德育无处不在,它可以克服知性德育的单一性和局限性。只有扎根于生活实践的德育理论才能获得广泛认可。

二是匹配社会角色的德育内容。人是一切社会关系的总和,这是人的本质。人的社会性本质意味着,人从自然人到社会人的进化是承担多种社会角色的结果。③ 国外很多高校根据德育对象的年龄、专业、兴趣及个性来确定德育目标,选择德育内容。例如,美国哈佛商学院要求新生入学的前三周学习"决策及伦理价值"课程并通过考试;法学院的毕业生则必须通过律师职业道德课程考试,才能进入律师行业工作。在其看来,伦理价值和企业责任是管理学院培养的学生将来要担负的最重要的使命。④ 以人为本的德育理念要求我们尊重和了解大学生的现实需求,注重大学生的个体性发展。大学生在校内外扮演着不同的角色,不同的角色要求有不同的德育侧重点,根据其不同角色开展有针对性的德育工作,是增强高校德育工作实效的主动谋划。从社会发展的现实来看,匹配生活角色的德育是对高校德育多层次、针对性、精细化发展的时代要求。高校要培养多层次、多样化的人才,德育的内容和方式

---

① 鲁洁.道德教育的根本作为:引导生活的建构[J].教育研究,2010(6):3-7.

② 刘长贵.陶行知的生活德育理论及其当代价值[D].南京:南京师范大学,2005.

③ 路海东.社会心理学[M].长春:东北师范大学出版社,2002:283.

④ 赵野田.国外高校德育的特点、发展趋势及启示[J].东北师大学报(哲学社会科学版),1998(2):83-91.

必然要多样化。从学生发展层面看,多层次角色的德育是其内在的发展诉求。因为当今的大学生思想活跃,价值取向多元,行为方式多样,他们对于德育的诉求也是多样的。就高校教育改革趋势而言,实现学生全面发展的目标,要求高校德育工作关注课堂内外的德育内容变化,注重德育的实践性,充分利用多渠道、多途径、多样化的德育方式,把握不同场域的学习情境,开展多层次的德育。构建高效的角色德育模式,可以通过制定角色德育目标、强化角色意识、组织角色学习和树立角色认同来实现。可以在课堂中引导学生熟悉自身的角色,以个性化的组织及平台为保障,强化学生对角色的辨析;以行为为导向,增强对角色的感受;以实践为根本,促进学生对角色的认同。

三是衔接社会环境的德育方式。人是社会性的动物,人必须生活在一定的社会环境和社会群体中,才能社会化为真正的"人"。高校德育工作者必须充分认识到团体对学生成长的重要作用。高校中的团队生活实际上可以作为学生适应社会环境的小场域。团体具有个人所不具有的特点和功能,比如,通过团体的协作,可以整合团体资源,实现个体的充分发展;团体在知识传授、人格塑造、能力培养方面作用突出,能够满足个体的归属感、自我实现等心理需要。高校学生团体众多,几乎每个学生都是某个团体的一员甚至是多个团体的一员,他们的生活空间是立体的、多维的,如寝室、社团、讨论组、学习组、实践小组等。团体成员具有年龄上的同辈性、兴趣爱好的相似性、活动目标的一致性、生活方式的协调性等特点。将德育内容深入大学生的不同生活空间,是高校开展德育工作的有效抓手。高校德育工作者可以通过情境营造、活动设计等手段,搭建平台,引导学生积极参与团体活动,实现全面发展。

(四)结合实际开放发展

高校德育载体,是高校在实施德育的过程中,能够承载和传递德育内容或者信息,能为教育主体所用,使德育主体间相互作用的活动形式和物质实体。[①] 它具有承载性、可控性、中介性等特点。我国高校德育载体丰富多样,如校园文化活动、班团主体活动、党支部活动、校外社会实践活动、国际交流活动等,都是大学生身边的实践活动。笔者认为,高校还可以在以下方面完善德育载体:让德育载体覆盖更多的师生;将德育载体的功能细化并与师生的身心发展、能力提高相结合;评估不同德育载体的有效性并加以改进;等等。

当前,德育载体主要分为文化载体、活动载体、传媒载体、管理载体等。[②] 高校德育载体作为德育内容传递、德育方法实施的形式和实体,必须紧紧围绕德育内容进行选择,也必须与德育方法及主体的实践活动相适应。面对教育内容、教育方法、教育主体的变化,教育载体必须不断创新。高校的德育载体主要包括开设思想政治理论课程、教学过程中的教书育人、开展社会实践活动、党团组织和班集体活动、建设校园文化等等。由于社会环境发生了很大变化,高校德育载体也应该在实践中与时俱进,更加重视主体间的互动效果。

一是校内实践和校外实践相协同。鲁洁认为,道德、道德教育

[①]　张耀灿,等.现代思想政治教育学[M].北京:人民出版社,2006:392.

[②]　张耀灿,等.现代思想政治教育学[M].北京:人民出版社,2006:400-410.

的根本作用是引导我们以人的存在方式去生活。要改变和完善人之德性,既不能只从外部施加影响,同样也不能只是进行封闭式的自我修养,它只在人现实地改变自身的生活方式——生活活动、生活关系的过程中才得以实现。① 当前德育工作普遍存在着教师忽视学生的实践活动和生活体验的现象。在这种情况下,学生只能在某种假定的德育情境中作出判断,而缺乏实际的道德能力。德育的本质是实践,道德准则、行为规范直接来源于实践、应用于实践,同时也接受着实践的检验。"德育实施方法的活动性或实践性,强调知行合一,强调通过学校生活或学校的全部教育性活动来培养学生的道德能力和道德品性。"②高校德育要重视培养大学生的社会服务意识,通过勤工助学、社会志愿服务等载体和途径,培养学生的社会责任感、公民道德意识。

二是虚拟载体和现实载体相结合。网络媒介尤其是手机已成为大学生群体了解世界的主要平台,是大学生学习、生活、交往的重要工具。高校应深入了解大学生网络条件下思想行为出现的新问题,提升大学生思想政治教育的整体能力,使互联网成为传播社会主义先进文化的重要阵地、提供公共文化服务的有效平台、促进人民精神文化生活健康发展的广阔空间。信息化时代,高校德育载体是德育科学化的重要表现形式,也是现代德育创新的重要抓手。未来,高校德育方法将更多地运用现代化的科学技术、载体,必要时尝试德育载体的跨空间组合、纵向组合或动态组合,加强教育者与教育对象的互动,增强德育工作的实效。

---

① 鲁洁.道德教育的根本作为:引导生活的建构[J].教育研究,2010(6):3-5.

② 王玄武,等.比较德育学[M].武汉:武汉大学出版社,2003:136.

三是德育课堂和课外德育相补充。德育课堂作为德育的重要渠道,在未来高校德育工作中应发挥更加重要的作用。目前,学界关于大学德育课堂的研究众说纷纭,主要集中于思想政治课的德育课堂研究。借鉴情境认知理论及社会学习理论,未来的高校课堂应更加注重知识的传授,同时,发挥学生的主体性、教师的主导性,通过创建德育课堂情境、给予学生课堂话语权,增强学生德育的情感体验,构建师生德育情境关系。课堂上的德育情境即课堂中对德育效果产生直接或间接影响的、由特定要素构成的有一定德育意义的氛围和环境。心理学研究表明,在德育认知、德育情感、德育意志和德育行为中,情感居于核心地位。人对情感的接受以情绪变化为基础,以情感体验为中介。而在德育课堂中建立德育情境,能极大地调动学生的情感,也能让学生充分体验德育过程,激发其对道德意识的思考,从而规范个人的言行。高校课外德育载体类型多样,如硬件方面的校园设施,软件方面的校风、班风、学风、师风等。高校应创造一种积极向上的精神氛围,潜移默化地引导师生形成积极向上的人生观。

总而言之,高校应坚持从马克思主义理论、观点和方法出发,借鉴主体间性理论的优秀因素,坚持"以人为本"立场,实施"学生—学生""学生—老师"等多主体间的平等交互,以贴近社会生活的内容和方式,不断创新载体,开展有效的德育工作。

第三章

新时代我国高校德育实践

　　大学的历史比现代国家还要久远。最初的大学有三个服务对象：一是"神"（欧洲的教会大学），二是"知识"和"思想"的传承（中国古代的书院），三是人的健康（亚洲和欧洲许多地区的医学学校）。实际上，现代高校是服务于人类社会的知识探究而建立的制度，而德的知识也是人类社会知识的重要内容。德的养成属于实践智慧，人们常常需要借助直觉、体验、感悟等方式来提升道德境界。在德育领域，能够明确表达的要求、规范，往往只是对德性的字面表述，没有达到超越性、精神性的境界。就该意义而言，德育工作除了应涵盖诸规范之外，还必须涵盖德育对象的体悟与体验，两部分的有机结合才能体现德育内容的完整性。因此，高校的德育工作不只是道德知识的传递，更是道德实践的生活化、社会化。从文化历史发展的必然性角度看，追求完整鲜活的人性，追求德育范式的崇高人文精神境界以及开放的人生意义，是我国德育工作发展的趋势。因此，笔者认为，高校德育的关键，应该在实践，因为德育的真谛和意义不在于抽象的概念和空洞的说教。

　　新时代的高校德育实践，应该运用系统思维，从高校德育理念（包含德育观、德育哲学等）、德育主体、德育方法等主要维度进行逻辑思考和系统认识。高校德育实践不是孤立的教育活动，而是与各种场合、各种内容、各种形式、各种主体有机统一的教育实践系统。① 德育实践始终与其他社会活动息息相关。传统的道德教

---

　　① 江霞.大德育观：德育价值取向的必然抉择[J]. 文史博览（理论），2013（4）：53-54.

育过程理论认为德育主要包括三阶段：首先是"管束"，抑制天生的野性；其次是"教化"，学习和掌握相应的礼仪和智慧；最后是"陶冶"，明辨是非，实现道德的自律。[①] 习近平总书记在全国高校思想政治工作会议上强调，思想政治工作从根本上说是做人的工作，必须围绕学生、关照学生、服务学生，不断提高学生思想水平、政治觉悟、道德品质、文化素养，让学生成为德才兼备、全面发展的人才。[②]

笔者认为，我国高校德育应以时代要求为基点，以主体间性理论为指导。党的二十大报告指出："我们创立了新时代中国特色社会主义思想，明确坚持和发展中国特色社会主义的基本方略，提出一系列治国理政新理念新思想新战略，实现了马克思主义中国化时代化新的飞跃，坚持不懈用这一创新理论武装头脑、指导实践、推动工作，为新时代党和国家事业发展提供了根本遵循。"站在新的历史坐标上，完成新使命需要新理念的指导。全面建设社会主义现代化必须以推动高质量发展为主题，将新发展理念贯穿落实到新发展阶段、新发展格局的全过程、全领域。

新发展阶段就是全面建设社会主义现代化国家、向第二个百年奋斗目标进军的阶段。新发展阶段是我们党带领人民迎来从站起来、富起来到强起来历史性跨越的新阶段。在以习近平同志为核心的党中央的坚强领导下，中国特色社会主义迈进了新时代，并且进入了新时代的新发展阶段。这是我国社会主义发展进程中的一个重要阶段。在这一阶段，我国经济社会发展面临着巨大的新

---

① 袁桂林.当代西方道德教育理论[M].福州:福建教育出版社,1995:7.

② 习近平:把思想政治工作贯穿教育教学全过程 开创我国高等教育事业发展新局面[N].人民日报,2016-12-09.

机遇和新挑战。正确认识党和人民事业所处的历史方位和发展阶段，是我们党明确阶段性中心任务、制定路线方针政策的根本依据，也是我们党领导革命、建设、改革不断取得胜利的重要经验。回顾历史，我们党之所以能够领导人民一步步取得民族复兴的伟大功绩，正是党培养的一代又一代青年马克思主义者对共产主义信仰的坚定支持与奋勇践行。这种为了信仰敢于拼搏的青春朝气，为我们党提供了持续不竭的澎湃动力，使我们党不断地从胜利走向更大的胜利。因此，如何做好新时代的高校德育，持续培育好青年马克思主义者，是一项不容懈怠、日日恒新的重大课题。

高校是中国特色社会主义大学为国家培养社会主义建设人才的重要阵地，也是中国共产党人才建设的主要基地。大学生群体是兼具青年和知识分子双重属性的特殊群体，用马克思主义理论教育和引导高校青年已经成为兴党兴国的重要战略之一，是培养马克思主义者和社会主义建设者、共产主义接班人的重要举措。为深入贯彻党的二十大精神、习近平总书记青年观，2023年，共青团中央印发了《青年马克思主义者培养工程管理办法（试行）》，着眼青年政治人才培育需要。高校要以马克思主义思想为根本遵循，以习近平总书记的青年观为指导，深入思考习近平青年观的理论传承、发展脉络和丰富内涵，基于新时代的新要求再认识中国特色社会主义大学的青年马克思主义者的素质要求和时代特征，从立德树人根本任务、社会发展需求和时代特征等维度等提出创新引导策略，为推进高校德育提供新的正确方向。

我国高校德育工作，要建立符合自身国情和未来发展的德育工作体系，为进一步进入世界大舞台提供坚实的思想基础。如何在斗争复杂的意识形态领域牢牢把握主动权，排除外部干扰，使全党、全国人民紧密团结在以习近平同志为核心的党中央周围，砥砺前行,共同实现中华民族伟大复兴的中国梦,是摆在高校德育工作者面前的重大课题。在德育实践的研究和推进问题上,我们既要积极吸纳各类文明中的有益成分,不断与时俱进,又要与现代社会相协调,立足我国基本国情,解决当今的共性问题。

一、实践背景

习近平总书记在观看北大师生纪念五四运动青春诗会时提出："现在在高校学习的大学生都是 20 岁左右，到 2020 年全面建成小康社会时，很多人还不到 30 岁；到本世纪中叶基本实现现代化时，很多人还不到 60 岁。也就是说，实现'两个一百年'奋斗目标，你们和千千万万青年将全过程参与。"①青年是社会发展的重要推动力量，是一切事业的继承者。每一代年轻人都有自己的时代特点。"Z 世代"②正在面对中华民族伟大复兴的宏伟画卷，他们就是执笔作画的社会中坚；"阿尔法一代"是完全在新时代、在我国全面建成小康社会的历史最繁荣阶段出生和成长的一代，是完完整整的"新时代的中国人"，他们需要树立坚定的政治信仰、理想信念，要能承担起我们的国家和民族未来建设社会主义事业的重任。这些特征已经与"X 世代""Y 世代"极为不同，需要与时俱进地理解和对待。

---

① 习近平.青年要自觉践行社会主义核心价值观：在北京大学师生座谈会上的讲话[M].北京：人民出版社，2014：14.

② 青年群体经常被按照年龄段划分成若干世代：X 世代，1965—1980 年出生；Y 世代，也称千禧一代，1981—1996 年出生；Z 世代，1997—2012 年出生；阿尔法一代，2013—2028 年出生。

　　新时代的中国青年思想活跃、富有激情,对实现人生发展有着强烈渴望,但同时也面临各种社会思潮的冲击。高校作为青年学生进入社会的最后过渡时期,是德育体系中的重要环节。高校应遵循大学生身心成长的客观规律,引导大学生将以伟大建党精神为源头的中国共产党人精神、社会主义核心价值观、社会道德准则与规范内化为自身的思想品质、政治品质和道德品质,促进大学生思想品质、政治品质和道德品质的理性成长,并将其外化为良好的行为习惯。

　　党的二十大报告指出:"全党要把青年工作作为战略性工作来抓,用党的科学理论武装青年,用党的初心使命感召青年,做青年朋友的知心人、青年工作的热心人、青年群众的引路人。"这是党团结组织青年全面建设社会主义现代化国家目标、全面推进中华民族伟大复兴的重要保证和巨大优势,也为做好新时代党的青年工作提供了思想指引和行动指南。新时代,世情、国情、党情正在发生深刻变化,高校德育工作面临着新形势下的巨大机遇和挑战。面对复杂多变的教育环境和社会背景,高校德育工作应该始终坚持党的领导,结合新时代高校学生的思想特点和德育工作遇到的新情况、新问题,在教育理念、内容、方法、载体、环境、评价等方面力争取得突破性的进展。当前,以人为本的教育理念广泛普及,德育内容体系逐渐完善,德育方法推陈出新,德育载体不断丰富,德育评价更趋科学,德育机制不断健全,大德育框架初步形成。

　　高校德育实践的直接目的是促进大学生健全人格的形成,提升个体社会性。因此,高校德育不仅是教育行为,也是政治、经济、文化等多种因素制约下的整体素质提升工程,在各国战略发展中处于突出位置。高校德育既是一项复杂、立体、开放的系统工程,又是有目的、有计划、有组织的特定意识形态教育。① 新时代高校德育实践内涵丰富,从以往实践来看,高校德育以理论化、体系化的形式为主,进教材、进课堂,并通过各类实践方式让学生了解社会。但是德育效果有没有进头脑,实践是否扎实有效,很难量化,只能通过经年累月培养出来的一代人的思想状况和外在实践表现出来。新时代中国特色社会主义大学德育实践的成效,应该呈现出以政治为引领、以服务国家发展为导向、以人本为遵循等特点。高校德育作为一个整体的系统,德育环境的变化对德育的目标、内容、载体、方法和评价都具有显著的影响。高校德育工作的演进与当地社会的发展密切相关,带有强烈的现实色彩。各个地区的历史、经济、政治、文化不同,高校德育工作演进路径所呈现的形态也不同。总体来看,可以从德育的实践内容、实践理念、实践要求等方面来分析我国高校的德育实践。

---

① 檀传宝.德育原理[M].北京:北京师范大学出版社,2006:217.

二、实践内容

改革开放以来,在党和政府的高度重视下,在广大德育工作者的共同努力下,高校德育工作无论在理论上还是在实践中都取得了长足发展。作为上层建筑的一部分,德育理念随着社会经济基础和社会环境的变化而不断变化,同时,实践的各环节是相互联系、相互制约的,其中的主体又受到主客观因素的影响。因此,分析高校德育实践的内容,必须结合高校系统内外部环境及大学生自身特点等条件综合分析。

当前,国际战略形势变化的首要特征之一就是全球化进入了一个相对的"间歇期"。因为在全球化的过程中,各国利益主体的相对收益是不一样的。由此,保护主义、孤立主义、民粹主义、保守主义等纷纷抬头,全球化的核心价值观念遭受前所未有的质疑。[①]部分西方资本主义国家不断以意识形态、资本主义文化等进行渗透,力图通过对别国政治制度、经济发展秩序的干涉来维护本国利益。复杂的国际环境和意识形态斗争,对高校德育目标的长远性提出了更高的要求。国内改革开放政策实施40多年,人们的价值

---

① 冯玉军.国际形势新变化与中国的战略选择[J].现代国际关系,2017(3):9-15.

观念、道德观念、文化观念、生活态度乃至思维方式都发生了较大变化,这对高校德育目标中人的价值观念的引导提出了新要求。而伴随着高校教育改革的不断深化,建设一流高校目标的提出,高校德育实践如何体现教育本质,也需要进一步探讨。

德育实践内容的发展,需要立足国内外,尤其是新时代中国特色社会主义社会发展的环境和现实。面向 21 世纪,各国都十分重视人才培养,这是国家综合实力提升的重要保障。我们不但要培养德才兼备型人才,更要培养创新型人才,这样才能在科技发展中占有先机。随着综合国力竞争的日益加剧,各国对人才素质的要求也不断提高。在国家提出"统筹推进世界一流大学和一流学科建设总体方案"的背景下,要提升我国教育发展水平、增强国家核心竞争力、奠定长远发展基础,高校必须以立德树人为根本,以支撑创新驱动发展战略、服务经济社会发展为导向,加快建成一批世界一流大学和一流学科,提升我国高等教育综合实力和国际竞争力,使之成为知识发现和科技创新的重要力量、先进思想和优秀文化的重要源泉、培养各类高素质优秀人才的重要基地,在弘扬中华优秀传统文化、培育和践行社会主义核心价值观等方面发挥重大作用。对此,可以从社会、个体层面来分析。

从社会层面来看,具体表现为德育对社会政治、经济、文化或生态环境等产生的影响;从个体层面来看,主要体现为德育对个人全面发展的影响。总之,高校德育的内容要围绕"培养信念执着、品德优良、知识丰富、本领过硬的高素质专门人才和拔尖创新人才"展开,使大学生成为思想素质、政治素质、道德素质、法律素质和心理素质等过硬的时代新人。高校德育首先应以育人、树人、培养人为目标。高校可以通过引导大学生关注社会公益事业、参与志愿服务等方式,培养他们的责任感;通过开展人文关怀教育、心理健康教育等活动,引导大学生对自我和他者进行反思,增强大学生的人文关怀意识和同理心。

中国特色社会主义高校的德育实践内容,是把理想信念教育放在首位,培育和践行社会主义核心价值观,弘扬中华优秀传统文化和革命文化、社会主义先进文化,弘扬以爱国主义为核心的民族精神和以改革创新为核心的时代精神。这一体系以社会主义核心价值观为统领,贯穿高校人才培养的全过程。

三、实践理念

马克思主义认为,人是社会的存在物,人的本质并不是单个人所固有的抽象物,在其现实性上,它是一切社会关系的总和。具体来讲,人是处于现实社会关系中的,只有通过社会关系才能表现出人的本质,人的发展也是随着社会关系的不断变化而得以发展的。高校德育的功能是培养人,人的认知和行为特点变化了,德育的方式也应随之调整。只有将大学生置于各种社会关系中才能使其真正"成人",只有随着各种社会关系的变化,大学生也才能得到"成长"。当前,大学生作为特殊群体,部分学生追求个人主义价值观,造成思想混乱、行为失范,甚至违法乱纪等。因此,高校德育必须重视对大学生精神世界的引领。主体间性视域下高校德育问题的提出,起源是高校德育实践的人本追求,形成并贯穿于半个多世纪的德育实践,它是马克思主义人的全面发展理论在高校德育实践中创造性应用的产物,也是中国共产党以人为本的自觉追求在高校德育领域的具体体现。①

主体间性是指主体与主体之间的相互性和统一性,它是不同

---

① 沈壮海.论高校德育的人本追求[J].思想理论教育导刊,2009(11):85-90.

主体在语言和行为上交往平等、双向互动、主动对话和相互理解，是不同主体取得共识，通过共识表现的一致性。每个个体都是主体，每个主体都值得尊重，教育要从关注每个主体的发展出发。教育的目的是人的发展，以人本为归依是高校德育工作的追求，更是高校德育工作的题中应有之义。马克思主义关于人的全面发展理论在高校德育实践中具有创造性应用价值。为人民服务的发展定向、促进人的全面发展的目标定位、努力遵循人的发展规律、尊重人的主体地位的活动展开，构成了多年来高校德育发展的主脉，形成了高校德育可贵的人本追求。主导性的理论主张、思想认识与政策引导，使高校德育始终强调坚持为人民服务、促进人的全面发展、遵循人的发展规律、尊重人的主体地位等。随着信息化进程的加快，社会呈趋同化发展，他者逐渐消失，同质化的危机令人惴惴不安。在这种情况下，思考主体间性视域下的德育理念非常有必要。

现代西方哲学家对主体间性的研究并没有使近代主体性哲学走出主客二元对立的唯我论困境。为什么这样说？因为主体间性问题的真正解决离不开马克思主义的理论视野。社会实践和社会交往才是主体间性形成的发祥地，主体间性只能经由主体之间的社会交往才能建立。

哈贝马斯提出了交往行为理论，他认为作为现代性核心的主体性并没有消失，而是发生了某种转换，这种主体性不再是以某个个体为中心的主体性，而是建立在主体间性之上的主体性，交往的目的在于打破占有式主体的封闭性而形成主体间性。主体间既然有一致性，当然也会有不一致性。考察主体间的"不一致性"就会发现：由于人与人之间不能共享同一视角，所谓"横看成岭侧成峰"，世界在每一个人眼中是不一样的。因而，主体间的不一致性是常态,而一致性则是特定社会群体中的德育实践追求的目标。

正如胡塞尔所认为的那样,主体所构成的真理的客观性,是由主体间性所决定的,即由主体与主体之间相交相通相一致所决定的。正是由于主体间性的存在,人与人之间的"共情"才成为可能,陌生人才能一变为"动情的观察者":我并不是我自己眼中的我,也不是别人眼中的我,而是意象中的别人眼中的我。事实上,胡塞尔也正是把主体间性放在生活事件的语境中加以诠释的,通过引入主体间性,生活事件Ⅰ成为事件Ⅲ,达到"看山还是山,看水还是水"的返璞归真境界。

自高校德育进入现代德育发展阶段以来,人们对主客体关系的探讨一直是一个热点话题,主要有三类观点:教师主体说、学生主体说和师生双主体说。① 后两者是对"教师中心论"的怀疑和反思,这对因材施教有积极的意义。但盲目地将学生视为单一主体,忽视了德育的引导性,因而同样不符合教育的基本规律。事实上,随着德育理念的不断进步,师生双主体说得到了越来越多的肯定。一方面,在和谐互动的师生关系中,学生主体价值和教师主体价值的实质是高度统一的;另一方面,德育的最终成效体现仍然在于能对受教育者个体层面产生实际的影响,具体包括生存、发展和享用。② 生存意味着个体习得基本道德规范,能适应社会生活;发展指的是个体成熟人格的养成;享用则是个体通过德育满足精神上的需求。因此德育的发展必须尊重接受方式的个体性。这种注重受教育者主体地位的德育观念,致力于培养独立人格、奋斗精神和

---

① 韩美兰,吴俊清.高校德育主体教育模式基本特征探析[J].中国高教研究,2004(5):61-62.
② 杨启华.从德育功能的角度看道德灌输[J].教育探索,2008(12):98-100.

对科学探索的浓厚兴趣,也提倡快乐幸福的人生观以及合理的物质享受,使受教育者拥有较大的独立性、自由性和主观能动性。但德育的本质是人与人之间互动,这种主体间性强调人不但要追求自我的价值,也要关注其他人的价值。①

主体性德育就是要确立受教育者在整个教育目标和教育过程中的主体地位和主体人格,发挥其能动性和创造性,以达到培养有道德的人的目标。② 主体间性的德育理念应该落实到具体要求中,包括:建立平等、开放和包容的教育环境;为学生提供多样化的学习和交流空间,鼓励学生表达自我;引导学生关注社会发展和民生民情,关心社会公益事业,参与志愿服务,培养学生的社会责任感和公民意识;组织开展朋辈交流和课程讨论、社团活动等,培养学生的交流与合作能力;开展人文关怀教育、心理健康教育等活动,培养学生的人文关怀意识和同理心。

总之,高校德育需要将主体间性理念融入具体工作中,通过实践落地来培养学生的综合素质和竞争力,引导、激发学生的能动性、自主性、选择性和创造性,通过师生双方平等交往、交流等形式,促进学生思想道德品质和社会能力的完善,使学生成为具有社会主体意识、自由自觉的人。

---

① 刘忠孝,孙相娜.主体间性德育的基本内涵及价值取向[J].思想政治教育研究,2009(6):22-24.
② 刘志坚.论主体性德育对传统德育的超越[J].华南理工大学学报(社会科学版),2006(1):14.

四、实践要求

根据马克思唯物史观,我们可以得出社会发展的三种形态,即以人的依赖关系为基础的群体社会、以物的依赖关系为基础的物化社会、以自由发展为基础的自主社会。当前我国社会正在发生深刻的变化,主要矛盾是人民日益增长的美好生活需要和不平衡不充分的发展之间的矛盾,主要发展趋势是从以物的依赖关系为基础的物化社会转向以自由发展为基础的自主社会,这是科学社会主义社会形态发展的应然和必然。其间,作为社会意识形态的"德"的内涵也必然发生变化,这也符合历史逻辑和社会发展动力规律。

我们关于世界的一切看法和知识都是通过认识获得的,认识到了物质规律,就获得了知识;认识到了精神规律,就产生了看法。认知主义学者强调,基于主体间性的德育更利于学生内部思维的建构。德育工作应沿着学生道德认知、道德情感、道德行为产生和发展的路径。站在学生的角度,其道德观念在自我角色定位与自我角色实现的过程中沉淀,在交往的过程中充实与调整,在实践的过程中检验与修正。

具体的实践要点是多方面的,以下简要论述。

（一）把握青年群体德育的规律

高校必须重视不同阶段青年的德育发展规律。当前,部分高校德育实践没有重点关注青年"德"与"育"的形成和发展规律,将"德"当成知识来学习,刻板地预先限定知识内容,试图让学生接受这种静态的、抽象的说教内容,这种方式与现实社会有一定脱节,很难让学生产生共鸣,导致德育效果不甚理想。同时,启发学生思考与内化不够,认识上深化不多,思想上留存不多。笔者认为,青年的思想发展不一定是递进或者线性的,一般来说,是螺旋上升的,甚至有可能反复。这从马克思的思想形成过程中亦可见一斑。

青年时期的马克思从进入柏林大学,到出版《共产党宣言》,其哲学观和政治观经历了三次关键的转变。青年时期的思想品质和政治品质发展,为马克思的科学社会主义和共产主义思想形成奠定了基础。

其一,从理想到现实。马克思出生于一个富裕的犹太人家庭,良好的教育让他树立了"为人类福利而劳动"的职业理想。1835年,父亲送他去波恩大学学习法学专业,一年后他转学到柏林大学,学习哲学专业。其间,正如黑格尔通过批判康德哲学找到通达伦理生活的道路一样,马克思在仿照康德—费希特的方式建构法哲学体系的过程中遇到了难以克服的障碍:康德主张客观唯心主义,认为人的理性维护社会发展,人性的恶推动社会前进,这一观点无法克服人的应然与实然的对立。马克思感到无法解决他的法哲学思想的冲突,他从康德转向黑格尔,接受了黑格尔的唯心主义辩证法。这是马克思的思想的第一次转向。即在哲学观和方法论上,从主观转向客观;在政治观念上,从理想主义向可"实现"的革命民主主义转变。

其二,从唯心到唯物。在《莱茵报》时期,马克思聆听了大量来自底层人民的声音,他的哲学观也在这一阶段开始逐渐改变。他反对德国哲学脱离现实的晦涩难懂的思辨特征,并要求哲学发挥指导现实的作用。他在悲悯底层人民苦难的同时,悟出了苦难产生的根源:生产资料私有制。在《第六届莱茵省议会的辩论(第一篇论文)关于新闻出版自由和公布省等级会议辩论情况的辩论》中,马克思看到不同地位的人对于出版自由态度不同,看到人的态度是人的地位决定的,而地位是由物质条件(生产关系的组成部分)决定的,进而认识到人的行为不取决于人的意志,而是由不以人的意志为转移的某种客观关系支配的。马克思经过深入思考和探索,发现生产力和生产关系、经济基础和上层建筑的关系。这是马克思的思想的第二次转向。即在哲学观上,从唯心转向唯物,意识到阶级矛盾不可调和;在政治观念上,逐渐从革命民主主义转向共产主义思想。

其三,从现象到本质。在哲学观从唯心转向唯物的过程中,马克思敏锐地觉察到了社会矛盾产生的根本原因所在,并认为只有改变社会结构要素,让占人口绝对多数的无产者所在阶级拥有生产资料,才可以解决现实问题。而只要生产关系、经济基础没有发生改变,生产力和生产关系、经济基础和上层建筑的矛盾就不可能调和,资产阶级的灭亡和无产阶级的最终胜利就"不可避免"。马克思第一次明确了无产阶级担负实现人类解放的伟大历史使命的思想。马克思认识到,无产阶级本身体现了人的完全丧失,只有通过人的完全恢复才能恢复自己。这是马克思的思想的第三次转变,也是最关键的、最彻底的转变。以《共产党宣言》的诞生为标志,共产主义运动自此诞生了明确而科学的纲领,共产党人的自身立场、观点和意图实现了明确和统一的阐述。自此,国际共产主义思想和运动得以全面开展,马克思主义的哲学、政治学、经济学和科学社会主义、共产主义思想,以及革命精神不断成熟完善并体系化,成为经典。

从过程来看,马克思也不是天生具有科学社会主义思想和共产主义思想的,他创造马克思主义,是时代的呼唤,是接受社会教育的结果,是个人勇于开展社会实践和勤于理论探索的结果。从方法来看,人的思想转变是实践、认识、再实践、再认识的循环发展过程,需要持续的行动、反馈、内化、反思,需要与社会、与自然、与自己持续互动。可以说,不同的哲学、政治学、经济学和革命思想的交锋互融,促进了马克思主义的诞生。

(二)重视高校辅导员工作

我国高校德育工作的主体,包含专业教师、学生、辅导员等,其中辅导员是我国高校特有的专职德育工作岗位,是重点承担高校学生德育工作的教师和管理人员,是我国高校德育实践系统的核心队伍。历史实践证明,社会主义事业的发展关键在党,关键在人。关键在党,就要确保党在各项事业建设历史进程中始终是坚强的领导核心。关键在人,就是要建设一支高素质人才队伍。一方面,要坚持党对高校的领导,保证高校明确办学方向,掌握高校德育工作主导权,保证高校始终成为培养社会主义事业建设者和接班人的坚强阵地。另一方面,要重视高校辅导员工作和队伍建设,要引导他们努力成为先进思想文化的传播者,做中国共产党执政的坚定支持者,最终形成一支兢兢业业、甘于奉献、奋发有为的高校德育队伍。

高校辅导员工作既是高校立德树人根本任务实现的重要路径,又是中国特色社会主义大学高等教育改革和发展的重要组成部分。因此,在新时代,厘清高校辅导员工作的基本要素、逻辑关系,加强和改进高校辅导员队伍建设,是高校德育的重要工作,具有重要现实意义。

1.对高校辅导员工作的系统认识①

从认识论的角度来看,系统和要素是所有被认识的客体存在的普遍方式和属性。任何一个被认识的客体都可以被认为是由一定的相互作用方式联结着的若干部分所构成的并与环境发生联系的统一体,都可以在某种性质或关系上被看作系统,而其中每一种构成关系的具有多种性质的基本要件和因素被看作要素。高校辅导员是中国特色社会主义大学必不可少的教师和管理干部,所承担的高校辅导员工作是社会活动类的系统,符合系统与要素的辩证统一关系。因而,高校辅导员工作是大学生德育的关键要素。

高校辅导员工作是高校教育实践活动的组成部分,在一定意义上可以说,有怎样的"人"的观念,就会有怎样的高校辅导员工作。笔者认为,在我国高校辅导员制度的发展过程中,关于人的"关系性"认识大致经历了三个阶段。

一是基于等级关系的单主体阶段。从起源看,我国高校辅导员制度的兴起与社会主义革命事业有直接关系。该制度在诞生之初具有浓厚的政治色彩,是社会主义高校的一个特色。延安时期的社会主义大学的政治指导员制度即是明证。抗日军政大学、陕北公学,其行政体系、管理制度实与军校无异,其中的政治协理员、

---

①　楼建悦,刘翔.高校辅导员工作的系统及其要素新论[J].湖北科技学院学报,2014(9):189-190.

指导员等职务,直接来源于红军的相关设置,间接的影响来源则是苏联体制。也因此,这几所大学,与同时期的北大、清华及抗战时期的西南联大等传统高校,迥然有别。之后,高校的辅导员工作中,仍有相当一部分涉及学生考勤、宿舍卫生检查、请销假以及军训等,带有军事化管理的特点。一直到改革开放之前,在中国当时的人学观中,个人都是一个"依存者"(张东荪)。对于人与人之间依赖关系的肯定与认同是当时人学观的核心。建立在这种认识上的高校辅导员工作,其基本取向是整体主义。这种工作取向所要维护的是轻视个体独立性的、重视依赖关系的整体性,所反对的是以自主、个性自由为特征的独立性。在这种关系观念的主导下,高校辅导员工作模式主要是主客二元为基础的"教育者单主体"模式。高校辅导员是主体,是教育的组织者和实施者;大学生是客体,是高校辅导员工作的接受者和受动者。这种模式具有鲜明的等级结构特点。在这种模式当中,主客体之间是一种严格的等级关系。

二是基于平等关系的多主体阶段。经过十多年的实践,国内高校辅导员工作不断加强人本理念的浸润。主张人本范式的高校辅导员工作强调以人为本,立足于弘扬人的主体性,以人为出发点和目的,维护人的正当权益,满足人的合理要求。大体上来说,高校辅导员工作范式出现了"双主体论",高校辅导员与大学生同为主体,二者相互制约。"双主体双向互动论"认为,在整个高校辅导员工作过程中,高校辅导员与大学生同为主体,但高校辅导员在施教过程中起主导作用,大学生在受教过程中具有主观能动性,高校辅导员与大学生相互作用、双向互动,形成合力。"多元主体论"则主张以多元素作为主体来构建高校辅导员工作中的互动关系,不仅高校辅导员和大学生可以充当主体,其他的介体和环体也可以充当主体。"多元主体论"看到了媒体、环境等其他的元素在高校辅导员工作中的重要作用,拓宽了人们的视野,但也模糊了主体和介体、环体之间的界限,没能认识到介体和环体都是要依靠人来运用和创造的。实际上,多元主体模式接近于无主体模式。这种理论对人的理解、对教育的分析脱离了具体的政治、经济与文化背景,往往认为发展中国家的教育应以西方发达国家为标准,对人本的教育理念的理解以学生"主体性"为绝对中心,只见"人"这一主体,无视主体之间交往的基础和过程。具体表现为,在高校辅导员工作的具体教育教学实践过程中过于强调辅导员或者大学生的主体地位,但是无法清晰界定主体之间的关系,陷于各说各话、自说自话的困境。另外,由于彼时国内高校尚且缺乏以人为本的社会环境和学校资源,高校辅导员在从事具体教育实践过程中的情感缺失现象相对普遍,使得富有爱心的人格教育在教与学之间,以及在辅导员工作涉及的思想教育和事务性工作之间没有找到最佳结合点。

三是基于合作关系的互主体阶段。当代教育哲学正在经历从实体本体论到关系实在论的转向。在教育管理学理论中,人与财、物等因素不再是平行的或者等同的要素。随着科学的发展和教育哲学观念的转变,实体观逐渐为强调关系的主体间性观取代,机械论、实体论逐渐被系统论、关系论取代。从以上认识出发,中国特色的社会主义大学的高校辅导员工作更应关注主体间的关系。高校辅导员是开展大学生德育工作的教师和管理干部,工作基础就是人与人的关系。人就本质而言是一种关系性存在,彼此间的交往、依赖、需要等关系是高校辅导员必须正视的。高校辅导员工作中的主体是平等的、协作的、共同在创造着这个世界的人,因此,坚持主体间性的观念是今后高校辅导员工作的基础。

高校辅导员工作是高校辅导员与大学生互动交往的过程,从系统论的角度结成"主—介—主"关系,从主体论的角度结成多重的"主—客"关系,即以一种主体间性关系形成多重互动的双主体关系。高校辅导员应该从以人为本的科学发展观要求出发,坚持一切为了人的发展、为了一切人的发展的原则,从人性本质内涵出发,按照大学生全面发展的实际情况、实际需要,按照大学生思想政治素养"内化"与"外化"的规律,把大学生当成一样的平等主体看待,注重他们在地位、人格、权利等方面的平等地位,给予充分的尊重、理解、包容,共同提高,最终实现社会主义大学高校辅导员工作的人学功能。在此过程中,高校辅导与大学生共同升华个人的品质,体验人格的尊严,树立四个自信,领悟共产主义的本真。

从高校辅导员工作中的教育教学实践活动过程来看,活动主体是符合一定的社会要求的发动者、实践者,即一定的社会、阶级、社会群体及其成员,活动的目标、内容、方案制定、评估反馈等工作都由这一主体完成。大学生通过高校辅导员工作促进自身的发展,并对高校辅导员工作进行评估和反馈。高校辅导员通过高校辅导员工作促进大学生的全面发展,同时在具体的教育教学和管理实践过程中,促进自身的全面发展,并实现自己的职业理想。

系统和要素这对范畴具有普遍性,它们既指客观存在的物质实体的系统和要素,又指作为理论研究对象的观念模型的系统和要素。从客观世界到主观世界的一切都自成系统,一切又互成系统。任何一个系统都是较高一级系统的要素,同时,任何一个系统的要素相对而言又是另外一个系统。对于一个特定的系统说来,其他诸系统则是该系统存在的客观环境。高校辅导员工作也符合系统和要素的范畴。高校辅导员工作是一个系统,它不是大学生和高校辅导员关系的终结点,而只是一种中介,是高校辅导员工作中主体之间关系的起点和交往关系纽带,实现着大学生和高校辅导员两个主体间交往关系的功能。大学生和高校辅导员都是完整的主体,都具有发展的动力和权利。大学生更多地关注自身全面发展,高校辅导员关注大学生的全面发展、自身的职业能力的提升和职业价值实现。

2.对高校辅导员队伍建设的思考①

在主体间性视域下,结合高校德育中合作关系的互主体关系研究,高校辅导员工作体系应该包括以下四个基本要素:大学生、高校辅导员、高校辅导员工作和高校辅导员工作相关的教育资料。其中,大学生和高校辅导员是高校辅导员工作中的主体。高校辅导员工作是大学生和高校辅导员交往活动存在的载体和中介,大学生和高校辅导员通过高校辅导员工作中的教育教学和管理实践活动进行交往,是高校德育实践中的一个关键的交互过程。

辅导员作为大学生的人生导师和健康成长的知心朋友,在大学生德育中扮演着不可或缺的重要角色。当前,各高校围绕进一步加强和改进大学生德育,切实加大了辅导员队伍建设的力度,辅导员队伍朝着专业化、职业化、专家化方向发展。但是,总体上看,辅导员队伍建设还不能很好地适应新形势下加强和改进大学生德育的需要,还存在一些问题和困难,必须采取切实措施加以解决。

(1)高校辅导员队伍建设存在的问题

一是高校对辅导员队伍建设的重要性认识不足。从目前一些高校对专职辅导员的人员配备、待遇地位以及队伍建设长效机制等情况来看,高校对辅导员队伍建设的重大意义还缺乏足够的认

---

① 刘翔.关于当前高校辅导员队伍建设的几点思考[J].思想理论教育导刊,2013(6):120-122.

识,认为辅导员相较于其他高校人员,特别是相较于专职教师,待遇比较低、出路比较窄,因此地位比较低。与同期毕业的专任教师相比,辅导员在职称、待遇、发展前景等方面都有一定的差距。这在一定程度上影响了辅导员工作积极性的发挥。

二是对辅导员的角色定位比较模糊。《普通高等学校辅导员队伍建设规定》明确指出:"专职辅导员是指在院(系)专职从事大学生日常思想政治教育工作的人员,包括院(系)党委(党总支)副书记、学工组长、团委(团总支)书记等专职工作人员,具有教师和管理人员双重身份。高等学校应参照专任教师聘任的待遇和保障,与专职辅导员建立人事聘用关系。"辅导员的这一角色定位和职责要求应该说是明确的。然而,目前尚有相当多的高校对辅导员的角色定位和工作职责还没有明确的、科学的界定,这使得现行的高校学生管理模式要求辅导员关注大学生的学习、思想、生活、社会实践等方方面面,也就是说,除专业教学之外,凡是与学生有关的一切事情都是辅导员的工作范围,诸如思想教育、日常管理、学习生活、社会实践、情感调节、就业指导、安全稳定等。角色定位不清,就容易使辅导员精力分散,工作没有重点,疲于应付,无法对大学生的思想、学习、生活动态和规律进行认真研究,影响工作的成效。

三是辅导员队伍配备不齐,缺乏稳定性。一些调查显示,仍有部分高校没有按相关规定的比例配置辅导员,导致我国高校专职辅导员在队伍建设中存在着人数少、任务重、困难多、压力大等实际问题,这降低了他们的日常工作效率和质量。

四是辅导员专业化程度有待提高。目前多数高校在选配辅导员时坚持了比较严格的标准,能把那些德才兼备、品学兼优的学生选拔出来从事辅导员工作,这些学生的思想素质基本达到了辅导员的标准,专业成绩也比较突出。但是,辅导员的角色定位和职责决定了其必须具备较扎实的综合素质和整体水平,特别是要具备较强的思想政治教育专业知识和技能。有些高校在招录辅导员时过多强调高学历与担任过学生干部的经历,对于"相关的学科专业背景"则没有按规定做出硬性要求,不少辅导员不是思想政治教育专业"科班出身",知识结构比较单一,缺乏思想政治工作原理、教育学、管理学、心理学以及其他社会科学知识,又没有经过系统的专业训练和专业培训就上岗,明显缺乏从事学生教育管理的专业素质和技能。另外,在年龄结构上,大多数辅导员比较年轻,人生经历和工作经验比较缺乏。这种状况使得不少辅导员的综合素质和整体水平不能满足大学生思想政治工作的需要,学生工作很难做到科学到位、保质保量,只能是"跟着感觉走",面对大学生在生活、学习、心理上遇到的矛盾和困惑,办法不多,效果不好。

（2）加强高校辅导员队伍建设的对策

一是提高对辅导员队伍建设重要性的认识。高校要把辅导员队伍建设与专业教学队伍建设、科研队伍建设放在同等重要的地位。各高校要制定适合各自特点的政策,切实加强辅导员队伍建设,从实现立德树人的根本任务出发,从培养社会主义合格建设者和可靠接班人的高度出发,把辅导员队伍建设作为一项战略任务来抓。只有从思想观念上重视辅导员队伍的建设和培养,才能在实际工作中,在政策制定、机制建设等各方面加强对这支队伍的管理,才能像培养专业教学科研骨干一样,把培养辅导员的工作纳入规划并付诸实施。努力为辅导员创造良好的政策环境、工作环境和生活环境,在政治上爱护、业务上关注、生活上关心,在出路、待遇、职务、职称评定等方面给予适当倾斜,才能真正使辅导员工作无忧虑、干事有平台、发展有空间,最大限度地发挥自身的积极性和创造性,为加强和改进大学生德育工作做出应有的贡献。

二是进一步明确辅导员的角色定位和岗位职责。辅导员具有教师和干部双重身份,其工作重点应该是对大学生进行德育,同时也负有一定的管理职能。辅导员既做学生的思想政治教育,要努力成为学生的人生导师和健康成长的知心朋友,又不同于思想政治理论课教师;既从事学生的日常管理工作,又不同于一般的行政管理人员,不从事纯粹的事务性工作。"辅导员的多重角色,要求辅导员开展工作必须以大学生日常事务管理为基础,以大学生发展指导为主体,以大学生思想政治教育为核心,全面促进大学生的成长成才。"①为此,高校要按照教育部的有关文件精神制定关于辅导员管理的规章制度,改革完善学生管理模式,细化责任,合理定位,做到科学管理,责任明晰,把辅导员从烦琐的事务性工作中解脱出来。这样,辅导员可以投入更多的时间和精力加强理论学习和研究,提升理论水平和综合素质,把握大学生思想政治教育规律和人才成长规律。

三是科学构建辅导员队伍职业化培训机制,提高辅导员的专业化水平。加强辅导员培训,走职业化、专业化发展道路,是建设高素质辅导员队伍的必由之路。新时代高校大学生德育工作面临新形势、新任务,对辅导员队伍的专业化水平提出了越来越高的要求。要发挥辅导员在学生德育工作中的应有作用,提高工作科学化水平,必须加强学习、培训,构建经常性的、职业化的学习、培训制度,努力建设学习型的辅导员团队。辅导员通过不断学习,深入掌握思想政治教育学、教育学、管理学、心理学等领域的知识,不断

---

① 詹明鹏.高校一线专职辅导员队伍建设的现状、困境与出路[J].高校辅导员学刊,2012(1):76-79.

提高政策理论水平,提高对学生进行德育工作的能力。各高校可以为辅导员提供发展路径和资金支持,鼓励辅导员参加培训,攻读硕士、博士研究生,报考心理咨询师、职业指导师等相关职业资格证书,加快推动辅导员队伍专业化。

(三)以主体间性理论为指导

高校德育的本质是实践,道德准则、行为规范直接来源于实践、应用于实践,同时也接受着实践的检验。德育实施方法的活动性或实践性,强调知行合一,强调通过学习生活或专业的全部教育性活动来培养学生的道德能力和道德品性。[①] 当前高校德育工作中存在着教师忽视学生的实践活动和忽视生活体验的现象。在这种情况下,虽然教师向学生传授了许多德育理念,但由于不重视学生的自我体验和实践活动,学生缺乏实际道德能力,无法在实际德育情境中做出合理判断。

笔者认为,高校应树立主体间性理论指导下的多主体平等交互的高校德育观。高校是一个德育场域,其中的教师、职工、学生,个体、团队、组织等,都可以成为德育主体,他们在交互中形成主体间互相促进的实践范式,从而实现有效的价值建构。在高校的德育过程中,以主体间性理论为指导,可以营造一种彼此平等、互相尊重和富有同理心的德育范式。

一是注重"对话—理解—共情"的交互方式。针对当代青年学生自我意识较强的特点,注意引导学生发挥在德育过程中的主体作用,通过讨论交流、对话等生动活泼的教育方法,实现学校教育

---

① 王玄武,等.比较德育学[M].武汉:武汉大学出版社,2003:136.

与学生自我教育的有效结合。

二是注重"领悟—内化—实践"模式的实践方式。一方面,要探索学校、社会、家庭三者的协同体系,实现全员、全过程、全方位育人;另一方面,要推动理论与实践有效融合,形成立体化的实践模式。应综合运用多种方式,确保德育工作的政治主导性,以及德育实践的丰富性、感召力和吸引力。

三是关注实效。当前,德育与其他学科的交融越来越深入,在教学目标、教学内容、教学过程、教学方法、教学评价等方面进行了统一;同时,其他学科的最新成果又助推德育的科学化进程。① 尽管有一些人质疑德育课程的实效性,但课堂上的德育课程有其存在意义和价值,当前的关键问题是如何上好德育课。教书是为了育人,育人依托"教书"而实现,立德树人是高校教育的根本目的。育人不仅是传授书本知识,还要不断提高大学生的思想水平、政治觉悟、道德品质、文化素养,让大学生成长为德才兼备型人才。高校教师应充分发挥教书育人功能,坚持教书和育人相统一,坚持言传和身教相统一,坚持潜心问道和关注社会相统一,坚持学术自由和学术规范相统一,以德立身、以德立学、以德施教。真实社会是德育实践的最佳载体,让受教者在社会实践中真正走入社会,开展调研,了解社会,增强社会责任感,是经过长期的发展而形成的科学、有效的德育实践方式。高校德育不仅在课本中和课堂上展开,而且伴随着丰富的社会实践形式,使德育内容在全方位的互动中深入人心。

① 曹明,吴恒仲.高校学科德育渗透应注重五个"融入"[J].教育探索,2012(11):128-129.

第四章

主体间性视域下若干德育实践分析

　　对于新时代的高校德育,笔者提倡基于主体间性理论的德育实践。因此,本书将若干德育实践场域作为案例提出,供批评探讨。其中包含信仰教育、政治教育、工程德育等。德育实践本身是开放的系统,"德"是在开放的场域中践行不同路径和方法的过程。如果用主体间性理论来指导德育范式,以科学的思想为指引,用合理的方式来实践,德育是可以蕴含在各类教育活动中的。

一、信仰教育:用生动方式诠释深刻道理

《简明马克思主义词典》对信仰的解释为:对某种理论、思想、学说的信服,并以此作为自己的精神寄托和行动指南;根据信仰对象的不同,有盲目信仰和科学信仰的区分。[①]《简明不列颠百科全书》对信仰的定义为:在无充分的理智认识足以保证一个命题为真实的情况下,就对它予以接受或同意的一种心理状态。[②] 信仰作为人特有的精神现象,既具有情感依托功能,又具有人生定向功能,还具有精神动力功能。

信仰教育是高校德育的重要内容之一。如何有效开展信仰教育? 信仰不是知识,而是使知识有效的一种意志决断。人对精神生活的理解,需要先通过体验,再予以直接诠释,于是知识结构问题就与精神结构问题联系起来。人的生活目的把人的心理结构与人的生活结构关联在一起,人的生活是人的感性经验和内在体验的统一,是"自然"与"精神"的统一,是思想与行动的统一,是个体性与社会性的统一,是现实性与历史性的统一。因此,信仰教育,

---

① 巢峰.简明马克思主义词典[M].上海:上海辞书出版社,1990:322.
② 盖伯琳,等.信仰的智慧:信仰和科学信仰教育研究[M].北京:社会科学出版社,2006:22-23.

要从社会生活开始。大学生是社会发展的动力，是社会未来的希望。作为青年知识分子，他们的价值选择直接关系到中国社会的未来发展。

在新时代，要使大学生的马克思主义信仰教育真正起到实效，就必须大力推进社会主义道德观在人们社会生活中的实践，加强法治建设、制度建设和道德建设，综合运用法律、制度和道德等手段，对社会上唯利是图、以利益为先的价值观进行彻底扭转，对丧失道德伦理底线的行为进行科学批判。唯有这样，才能使得大学生马克思主义信仰教育的内容和社会主义核心价值观教育的内容，在大部分社会生活的实践中找到对应处，从而使大学生对德育内容更加认同，将马克思主义和社会主义信仰与价值观内化于心、外化于行。当前，中国正处于社会转型的关键期，加强大学生的马克思主义和社会主义信仰教育就能够抓住新时代高校意识形态工作的核心。高校做好意识形态工作必须坚持马克思主义，牢固树立共产主义远大理想和中国特色社会主义共同理想，培育和践行社会主义核心价值观，不断增强意识形态领域主导权和话语权。高校要形成以信仰马克思主义为荣的校园风气和时代风尚，引导和影响更多的青年加入这个潮流之中，使信仰马克思主义成为"时代新人"的首要标准，引导大学生在新时代全面发展。

二、政治教育：从不同角度论证科学论断

以"两个确立"的重大科学论断为例，在政治教育中，可以通过整合不同的学科分析方法，借助大学生易于接受和理解的话语体系，让更多的大学生理解并接受政治教育。"两个确立"指确立习近平同志党中央的核心、全党的核心地位，确立习近平新时代中国特色社会主义思想的指导地位。从目前的观点来看，这个重大政治论断的生成逻辑主要有马克思主义经典理论逻辑发展的应然、我国社会发展历史逻辑的必然和新时代中国特色社会主义建设的实然，均基于哲学社会科学知识体系的分析和论证。对大学生而言，以观点证明观点的论证方式，不容易说服他们。即便是绝对的真理，他们也很难理解。科学的论断是经得起科学的分析和论证的，如果换一种角度，从自然科学的理论逻辑来进行分析和论证，比如，借助热力学定律的"熵思想"来分析和论证"两个确立"，可以让更多大学生加深理解和认同。

(一)"两个确立"的历史和实践逻辑论证

100多年的历史实践和成就，已经直接证明，中国共产党是先进的政党，具有理论联系实际、密切联系群众、批评与自我批评的

三大优良作风。批评与自我批评,具体就是重视和总结历史,展望未来,这是一百年来我们党不断战胜困难,从胜利走向胜利的一条成功经验。在我们党的百年历史上,先后于 1945 年 4 月党的六届七中全会通过《关于若干历史问题的决议》、于 1981 年 6 月党的十一届六中全会通过《关于建国以来党的若干历史问题的决议》、于 2021 年 11 月党的十九届六中全会通过《中共中央关于党的百年奋斗重大成就和历史经验的决议》。这三个历史决议,尽管通过的历史条件、时代背景和具体内容不尽相同,但都是我们党在重大历史关头,以高度历史自觉,通过总结党的历史,牢牢掌握党和人民事业发展的历史主动,作出的重大战略决策,对于统一全党思想、全党意志、全党行动,推动党和人民事业发展发挥了十分重要的作用。《关于若干历史问题的决议》诞生于新民主主义革命重大历史关头。毛泽东同志领导进行了决议的起草工作。《关于若干历史问题的决议》运用马克思主义的立场、观点和方法,系统总结了中国共产党成立以来的历史及其经验教训,深刻分析了"左"倾错误在政治、军事、组织、思想方面的表现和严重危害,高度评价了毛泽东同志把马克思列宁主义普遍真理和中国革命具体实践相结合对解决中国革命问题的重大贡献,充分肯定了确立毛泽东同志在全党全军的领导地位的重大意义,分清了是非,使全党尤其是党的高级干部对中国革命基本问题的认识在马克思列宁主义的基础上达到一致,增强了党的团结统一。《关于建国以来党的若干历史问题的决议》诞生于党和人民事业发展的重大历史关头。邓小平同志主持决议起草工作。《关于建国以来党的若干历史问题的决议》系统总结了新中国成立以来的历史经验,根据新的实际和发展要求确立中国社会主义现代化建设的正确道路,为中国向何处去指明了正确方向,为探索走自己的路、建设中国特色社会主义创造了重要条件。《中共中央关于党的百年奋斗重大成就和历史经验的决议》诞生在党成立一百周年重要历史时刻和"两个一百年"历史交汇点重大历史关头。《中共中央关于党的百年奋斗重大成就和历史经验的决议》全面总结党的百年奋斗重大成就和历史经验,重点总结新时代的历史性成就、历史性变革和新鲜经验,同时,进一步概括了习近平新时代中国特色社会主义思想,明确指出了"两个确立"的决定性意义,深刻论述了党百年奋斗的历史意义和历史经验,明确提出实现第二个百年奋斗目标的重要要求。这是以习近平同志为核心的党中央高瞻远瞩、审时度势,郑重作出的一项历史性、战略性的重大决策。在关键的发展阶段,"两个确立"明确为党的第三个历史决议,对推动全党进一步统一思想、统一意志、统一行动,更好应对前进道路上各种可以预见和难以预见的风险挑战,团结带领全国各族人民夺取新时代中国特色社会主义伟大胜利,具有重大现实意义和深远历史意义。

当前,"两个确立"的理论逻辑是:一个无产阶级政权需要一个强有力的政党来领导;一个成熟的强有力的无产阶级政党,需要有一个坚强的领导核心和科学理论指导;辩证唯物史观也强调创造历史的广大人民群众和引领历史的少数进步精英的辩证关系。历史和实践逻辑是:以中国的经济社会发展无可争议的事实佐证了人类社会制度发展规律、共产党作为无产阶级政党的执政规律。举世公认的实践成果佐证了马克思主义的社会发展规律;被实践成果予以佐证的社会主义发展规律和特征,也证明了"两个确立"的实然和必然。两个逻辑相互支撑,互为佐证。

(二)"两个确立"的"熵思想"论证

热力学三定律中,第一定律给出了能量守恒的关系,第二定律给出了熵增原理,第三定律推定绝对零度无法达到。其中,熵增原理是近代科学确立的最重要的理论之一。

德国物理学家鲁道夫·克劳修斯首次提出熵的概念。熵泛指某些物质系统状态的一种量度,是某些物质系统状态可能出现的程度。熵也被社会科学用以借喻人类社会某些状态的程度。熵的本质是一个系统"内在的混乱程度"。它在控制论、概率论、数论、天体物理、生命科学等领域都有重要应用。熵越大,则系统越无序,这意味着系统结构和运动的不确定和无规则;熵越小,则系统越有序,这意味着系统具有确定和有规则的运动状态。熵的增加就意味着有效能量的减少;熵的减少象征着系统内各种关系的和谐、通畅以及能量有效性的增加。①

熵定律被爱因斯坦称为"整个科学的首要法则"。纵观熵提出和研究的历史,可以说,熵是对"无序程度"的最佳测度。根据熵的概念和熵增原理,可以推出一系列系统设计和运行的规则及原理。这些人们普遍遵循的规律和原则,通称为熵理论。

社会有机体是历史唯物主义用来刻画具体社会的整体性、结构及内部相互作用复杂性的系统,是由不同方面、层次的因素在相互作用中构成的有机统一、不断活动和发展着的物质形态。马克思最早把社会作为一个有机系统来研究并提出了社会有机体范

---

① 里夫金,霍华德.熵:一种新的世界观[M].吕明,袁舟,译.上海:上海译文出版社,1987.

畴。因此,用熵思想来论证"两个确立"符合热物理学逻辑。

熵增原理揭示了系统内部一切不可逆过程的自发进行方向是熵增加的方向。量子力学的创始人之一、物理学家薛定谔指出,一个有机体存在的时候,在不断地增加着它的熵,并趋于接近最大值的熵的危险状态,那就是死亡;要摆脱死亡,也就是说要活着,唯一的办法就是减熵。有机体是依赖减熵为生的;新陈代谢的本质,乃是使有机体成功地消除了当它自身活着的时候不得不产生的全部的熵。根据熵增原理,社会有机体本身的自然态发展规律是趋向混乱的,必然带来增熵的结果。社会系统的成分类型越多、状态和关系越复杂,熵值越大。因为,随着生活世界的分化和非传统化,社会复杂性也在不断加强。

在任何一个社会阶段,意识形态工作的具体内容,都是教育引导个人需求与社会目标相统一。因此,意识形态是重要的论证维度。人的意识是生物反应机能进化的形态,是对物质的一种反映。社会存在是社会意识的外显,一个社会的进步或落后,和谐或动荡,归根到底是由这个社会系统中的人的意识形态决定的。意识形态的载体是语言、观点和看法,是需要教育和引导的。意识是能动的,教育引导内化的过程不是简单的被动过程;个体的认知水平和能力是各异的,认知过程也存在惯性和稳定性,个性心理和个性需求也各有特性,个体需求和社会要求之间的差别也是必然存在的。此时,每个个体的社会主流意识形态教育引导内化过程如果是积极、有序、有效的,则意味着意识形态的有效建构,知情意统一协调,进而在宏观层面体现为社会主流意识形态的有效规训,即社会系统的减熵过程。反之,如果个体的意识形态各异,反映在行为之中则是各行其是,是熵增结果。马克思在资本论中指出:"凡是有许多个人进行协作的劳动,过程的联系和统一都必然表现在一个指挥的意志上,表现在各种与局部劳动无关而与工场全部活动有关的职能上,就象一个乐队要有一个指挥一样。"①因此,从社会意识形态维度来分析,一个统一的指挥,是社会有序发展、持续减熵的关键。综上所述,可以总结社会良性发展的逻辑是"个体发展—系统增熵—系统无序—系统减熵—系统有序—个体发展"。

高校德育工作者可以结合经典理论、历史逻辑和实践逻辑,借鉴热力学定律的分析,让学生从更多角度来理解党和国家的重大政治论断,从而达到良好的政治教育成效。

---

① 马克思.资本论(第3卷)[M].北京:人民出版社,2004:431.

第五章

主体间性视域下的德育场景创新

2018 年 9 月 24 日,在第一届国际工程教育论坛上,时任清华大学校长邱勇在开幕式上作了题为《工程教育:为了人类更美好的家园》的主旨演讲,对未来的工程教育提出如下建议:更加强化责任意识的教育,培养有强烈社会责任感的工程师,有高尚道德的工程师,有灵魂的工程师;更加强化创新能力培养,努力培育工程科技领域的创新人才;更加强化交流合作,加强了解和沟通,及时准确地向社会传递工程的信息和价值,全面提升工程和工程教育在社会上的影响力。① 社会责任、创新意识,是党和国家对高校学生德育的核心要求之一。笔者以高校的工程教育为例,系统分析和探讨高校德育场景的创新构建。

---

① Engineering Education:For a Better World of Humankind——在首届国际工程教育论坛上的讲话[EB/OL]. (2018-09-24)[2023-07-20]. https://www. tsinghua. edu. cn/info/1173/17761. htm.

一、工程和工程教育

工程推动社会进步,工程教育在一定程度上决定人类未来。工程的历史是一部人类文明进化史。工程是人类生产生活的伟大创造,为人类的生存与发展奠定了坚实的基础,为人类文明的存续与繁荣创造了广阔的空间。工程也是人类探索世界的伟大实践,工程与科学技术的结合为文明的进步提供了不竭动力源泉。无论是埃及金字塔、古希腊帕提农神庙、古罗马斗兽场、柬埔寨吴哥窟、印度泰姬陵等古代建筑奇迹,还是中国的万里长城、京杭大运河、郑国渠等重大工程,都因为造福人类社会发展而被载入人类文明史册。工程师是工程技术创新的核心力量。著名的航天工程学家冯·卡门曾说,科学家发现已有的世界,工程师创造从未有过的世界(A scientist discovers that which exists, an engineer creates that which never was)。工程师以无与伦比的创造力,设计和完成了各种卓越工程,解决了社会发展中遇到的突出问题,创造了更好的生活环境,提高了人类的生活质量,为增进全人类的福祉发挥了不可替代的作用。一项伟大的工程往往不仅影响人类生活,甚至影响到人类历史进程。

简单来讲,工程是人类有明确目的的造物过程及其结果。造物的主体是人,造物过程是工程活动,造物的结果是成形的具有特定功能的物,可以大至巨型建筑群,小至某些日常用品和食品、药品。一般认为,工程有两层基本含义:一是将科学知识和技术成果转化为现实生产力;二是有计划、有组织地向社会提供产品。

作为一个系统,工程具有如下三个特征:第一,工程是科技改变人类生活、影响人类生存环境乃至决定人类前途命运的生产性活动;第二,工程活动体系复杂,规模庞大,涉及因素众多;第三,工程活动能够最快最集中地将科学技术成果运用于社会生产,并对社会产生巨大而广泛的影响。这一影响是全方位的,不仅涉及政治、经济、科技,也涉及社会文化和伦理道德。工程教育,简单理解,其目的是通过特定的教育模式为国家和社会培养合格的工程人才。

高等工程教育,一般认为以 1747 年巴黎路桥学校的建立为开端,到 1826 年俄罗斯成立莫斯科技工学校,逐渐形成了生产技术与实践教学紧密结合的工程师培养模式。1889 年《技术教育法》颁布后,英国大学的教学内容开始纳入工程技术教育。19 世纪,德国的很多工业学校升格为工科大学。大部分工业化国家都在 19 世纪末建立了工程教育体系。美国高校的工程教育在起步阶段深受法国和英国的影响,1819 年建立的西点军校、1823 年创立的伦斯勒理工学院和 1828 年设立的俄亥俄州机械学院是美国的第一批技术学院。第二次世界大战前,美国基本形成了具有本国特色的工程教育体系。工程教育的蓬勃发展为世界各国培养了大批高水平、专业化的工程技术人才,显著加快了各国的工业化进程。[①] 可以看到,高等工程教育的发展前后不到 300 年,经历了多

---

① 吕赫,林琨智,许修杰.工程伦理学的一般理论构建[J].吉林化工学院学报,2009(5):42-45.

次范式变迁。

美国在半个世纪的工程教育发展过程中,以其独具特色的培养理念和培养模式,在世界高等工程教育领域树立了成功的范例,备受世界推崇。美国的工程师培养模式具有鲜明的特色,为美国经济、科技实力的发展培养了大批优秀的工程师,也为其综合国力和国际地位的提升奠定了坚实的基础。

笔者以高等工程教育历史悠久且卓有成效的美国中西部高校瓦尔帕莱索大学(Valparaiso University,简称 VU)为例简要介绍。瓦尔帕莱索大学的工程教育在全国 210 个学士和硕士学位工程课程评价中名列第 13 位。虽然最高只能授予硕士学位,但是根据对全美工程学院院长和教职员工的调查,瓦尔帕莱索大学的工程教育认可度在全美 205 个机构中排名第 18 位。

瓦尔帕莱索大学的工程教育旨在培养能够领导和服务世界的工程师。其工程教育的成功之处在于培养了实践能力和综合素质俱佳的工程师,领域涉及土木、电气、计算机、机械工程等。

瓦尔帕莱索大学重视跨院系、跨专业和跨学科的工程师人才培养,在学院甚至整个学校范围内拆除壁垒,开展广泛的合作,开设交叉专业,安排综合课程,不同专业教师合作从事教学,建立跨学科的教育机制。瓦尔帕莱索大学的工程教育课程体系分为核心课、专业课及选修课三个部分。核心课属于专业课之外的通识教育范畴,内容包括文化(含宗教)、历史、文学艺术、伦理道德、自然科学等几大学术领域。攻读工程专业学士学位的学生必须保证在上述领域各选一门核心课,否则不予毕业。可见,美国高等工程教育在课程设置上目标明确,即培养学科交叉的通才工程师。

瓦尔帕莱索大学工程教育第一学期的学习内容对所有学生而言都是相同的:数学、物理科学、工程科学和文科基础知识。这些工程相关的基础知识可以帮助学生将数学和物理学与工程问题联系起来思考。在该门课程中,学生还将在选择或确认工程专业方面获得帮助。接下来的所有课程,重点是工程应用、设计、团队合作、跨学科活动和综合素质培养。在整个课程安排中都集成了工程设计教学,因此学生可以全方位提高综合工程能力,最终完成一个高级设计项目。工程专业的一年级学生必须学习 GE1 系列(研究生则为 GRD5 系列课程)的工程基础知识课程,了解不同领域与工程有关的基本概念。课程凸显跨学科性质。教师采用讲座、演示等方式,引导学生自己动手实验。在实验作业方面,强调团队合作和自主探索。通过课程实践任务设计,促使一年级的学生结识工程学科的其他教师,获取相关信息及资源。采用小班授课(通常少于 24 名学生,笔者所在的班级为 12 名学生),这样学生会受到充分关注。笔者分别参加了本科阶段针对母语为非英语的学生的高级学术技能课程和研究生阶段的常规学术引导课程。后者不仅强调协作和交流,并且重视学生的综合学术能力。学生的学习成果主要是以个人和小组方式参与课程活动、任务和项目。学生的收获包括:熟悉大学的校园资源;熟悉大学的学术资源;能够从事有生产力的和合乎道德规范的学术行为;掌握时间管理方法和自我管理方法;掌握与信息素养实践相关的学术资源;发展写作和口才技能,能成功进行演讲;与具有不同文化背景的学生一起工作,懂得如何有效沟通和良好协作;阅读能力、研究能力、批判性思维水平的提升。

瓦尔帕莱索大学根据学生发起的荣誉守则进行知识和技能之外的品行培养。在瓦尔帕莱索大学学习的每位学生均同意遵守该准则。荣誉守则是瓦尔帕莱索大学学习生活不可或缺的一部分,它假定每个学生都愿意在所有学术工作以及大学生活的其他阶段保持诚实。无知不是违反荣誉守则的有效借口。学生应主动向荣誉委员会报告涉嫌违规行为,否则亦是违反荣誉守则。

瓦尔帕莱索大学特别重视面对面交流和一对一的师生交流。每个学生均可预约与教师的单独讨论时间,一学期至少有两次机会。除任课教师外,学校定期邀请杰出的工程专业毕业生与一年级学生就职业发展进行交流。自愿在课堂外与学生进行一对一交流的教师人数非常多,教师非常乐意了解学生以及他们的目标和梦想。大一阶段,学校会为学生分配承担一对一交流的课外老师,陪伴他们直到毕业。在对各个学科有了细致的了解后,学生在第二学期便能作出相对理性的专业选择。一年级的课程学习教给学生较多的知识,使其能够在专业知识以外的领域提出很好的问题。所有的高年级学生都必须自主地设计、分析并动手完成一个综合的工程项目。导师在其中提供非常具体的指导,并且要求学生根据自己的项目需要组建团队。这种体验能够调动学生在第一学期获得的所有技能,并着重发展学生的团队合作能力和沟通能力。此外,每个项目都有预算,学生需要思考如何在有限的经费条件下开展工作。学校会提供基本的经费支持(一般为 800 美元以内),有一部分学生成功地从业界和教职员工的研究资助项目中获得资助。学生使用他们的高级设计项目来探索感兴趣的领域,激发好奇心和创造力。实际上,相关项目通常是为学生解决工程问题做准备的跳板,能帮助他们开启职业生涯。

在美国,开展高等工程教育的院校与企业在工程师培养过程中展开广泛合作,这不仅有利于学生实践能力的提升,也有利于加快技术转化的速度,可谓互惠互利。如瓦尔帕莱索大学通过开设继续教育课程、聘用企业专家作为教师、校企共同研发项目等丰富多样的形式促进双方共同获利,这使瓦尔帕莱索大学在业界拥有良好声誉,也有力推动了校企合作。

在瓦尔帕莱索大学,学生不仅可以学习工程知识,也有体验工程工作的机会。从第一学期开始,学生就与工程专业人士建立起专业网络。学生牵头推进项目,教师则引导学生找到最符合其个性和职业志向的发展机会。通过组织专业会议和海外实习,瓦尔帕莱索大学为学生从事顶级工程工作打开了大门。以瓦尔帕莱索大学"合作社计划"为例,这项基于教育的可选计划于1983年夏天在瓦尔帕莱索大学的工程学院设立,目的是为学生的工程实践和企业实训建立高端的渠道。加入"合作社计划"的学生,最低平均绩点为2.4(总分为4.0),大约80%的学生符合加入条件。加入"合作社计划"的企业均为业界知名企业,并且企业以加入"合作社计划"为荣。在瓦尔帕莱索大学工程学院,学生以"未来工程师"的身份前往尼加拉瓜,以协助当地社区推进工程项目;或前往海地,在孤儿院安装太阳能电池板,为盲文工作者开发盲文印刷机,协助残障成年人生产辅助设备等。可以说,瓦尔帕莱索大学对学生综合素质的培养非常重视。

我国工程教育受苏联模式的影响较深,强调技术范式。随着社会经济的飞速发展,我国工程教育体现出滞后性:科学化倾向明显、培养方案实践环节不足、与产业界联系不紧密等。2008年,教育部开始组织改革试点。随后,国内一些高校探索综合工程教育人才培养模式创新,如北大元培计划、浙江大学国家综合工程教育(the integrated engineering education,IEE)人才培养模式创新实验区等,其核心工作是"拓宽口径、夯实基础、重视设计、突出综合、强化实践"。这些高校尝试通过教育理念、教学内容和教育模式的综合创新,在新的起点和平台上谋求综合工程教育的跨越式发展。

在社会支持方面,目前我国高等工程院校与企业的合作尚处于不成熟、不规范阶段,合作机制还不够健全。虽然部分高校积极借鉴美国的成熟做法,但是大都照搬照抄,形式大于内容。培养优秀的工程人才,关系到民族和国家的未来,必须高度重视我国工程教育相关问题,寻求破解之道。

二、工程伦理和工程德育

伴随着工程技术的飞速发展，工程伦理问题日益凸显。一旦工程师缺乏工程伦理意识，品行不良，甚至违背道德和法律，就很有可能出现不良后果。越来越多的高校和企业认识到，开展工程教育必须重视工程伦理。

现代社会，绝大多数的工程师受雇于公司或企业，作为雇员，当工程师在接受雇主提供的薪金时，表明他们已经接受了忠诚于雇主的原则；除了雇员，工程师还扮演着社会成员的角色，作为社会成员，他又肩负着忠于社会的使命。但有时，工程师会发现这两种使命之间存在冲突，而举报正是冲突的结果之一，也是职业伦理的一种现实体现。

工程伦理研究产生的一个重要背景是工程的负面影响显现，一些科学技术及工程引发了社会问题和人文担忧。20世纪70年代以来，工程伦理学在美国等国家逐渐兴起。该学科以工程与自然、人、社会的相互关系为研究对象，跨学科交叉研究工程及由工程实践引发的各种社会问题。美国、英国、法国、德国等工程教育发达国家，都在工程伦理的研究领域有较长的历史，已形成了比较完整的工程伦理教育思想体系。

一般来说，伦理是阐述、分析人与人之间关系的道理。如中国古代的君君、臣臣、父父、子子，近代的平等、公平、尊重等。近代以来，伦理进一步推广为人与外界，包括人与他人、人与物，以至人与环境之间的关系。伦理属于道德范畴，可以有较明确具体的规范，与法律之间既有联系又有区别。一般的伦理上的缺陷，若没有达到违反法律的程度，可以依据伦理规范来处理；伦理问题严重，达到违反法律的程度时，则需要以法律手段来处理。但违反法律的问题不一定都是伦理问题，例如误伤、误杀等，已触犯法律，但不是伦理问题。

道德行为、道德规范的变迁在很大程度上取决于人们价值观念的变迁。一定的社会行为规范总是要求相应的价值观与之相适应，有什么样的价值观念就会产生什么样的行为规范。工程伦理是传统伦理的扩展，它对哲学家和工程师提出了新挑战。而工程活动对人们的道德行为、道德规范和道德观念都有显著影响。工程活动对道德观念的影响首先体现在通过增加人们的行为选择来影响人们的价值观念，进而作用于道德观念。

在 20 世纪至今的人类工程实践中，工程伦理通常被理解为一套以具体化的道德准则为表现样态的、对行为者"应当"如何"正当行动"的劝诫式"话语系统"。它关注的是工程实践中出现的特定伦理困境，倾向于通过规范和规则来达到"一个有限的伦理目标现实化"。在这个"话语系统"中，公众的安全、健康和福利被视为工程带给人类利益最大的"善"，在这个善的追求中内含着人们对"好的生活"的向往。可是，"将公众的安全、健康和福利放在首位"与其说是实现"好的生活"的前提条件，不如说是人类在与风险伴生的工程活动中不得不遵守的基本价值准则。因为它只是在如何"正当行动"上提出了总体行动目标，工程职业社团中所有行为者都将自己的知识和技能用于改善人类的福利和环境，诚实、公平、忠实地为公众、雇主和客户服务。"努力提高工程职业的能力和声誉"是一种伦理认同,而不是对追求"好的生活"的主观诉求。因而,这种规范式话语系统在社会实践的意义上,注重的是职业伦理章程建制以避免工程项目产生新的可能性风险;在个人道德的意义上,关注的是促进工程行为者负责任的职业行为。这套表达规范要求的"话语系统"并未进一步思考,人类在现代工程所展现的现实图景中该如何"正当行动"并进而诠释"好的生活"。①

有学者认为,工程伦理是阐述、分析工程(包括活动和结果)与外界之间的关系的道理。② 另有学者认为,工程伦理是以人民群众的生存品质为旨归的生活世界的哲学,是生活世界中"生存—交往"的实践,关注的是人民群众在工程世界中如何实现"诗意地栖居"。"生存—交往"实践旨在超越由工程的物性所设定的"资本的逻辑",恢复人的"生存历史性"这一本真的和整全的生存模式框架。③

还有学者认为,工程伦理的生存论导向能够改变工程实践的纯功利的旨趣,从人性高度和人类命运共同体的角度,正确处理工程建设与经济社会的关系以及人与自然的关系,树立更有利于人类社会的工程理念。比如,共同秉持"保护自然就是维护人类自身的生存,破坏自然最终毁坏人类自身的生存"的理念,开展工程活动。④ 本部分尝试从工程伦理的内涵、学科定位、研究目的、伦理

---

① 何菁.论作为道德生活形式的工程伦理[J].自然辩证法研究,2016(7):35-40.

② 朱高峰.对工程伦理的几点思考[J].高等工程教育研究,2015(4):1-4.

③ 陈雯,吴进.工科大学生工程伦理精神培育探索[J].南京邮电大学学报(社会科学版),2013(4):116-120.

④ 张铃."以人为本"的工程伦理意蕴[J].郑州大学学报(哲学社会科学版),2009(6):14-15.

反思等方面进行探讨。

　　总体来看,我国学界对工程伦理的研究主要从两个层面展开:一是工程伦理的基础理论研究,包括工程伦理的内涵、学科定位和研究目的;二是对工程实践的伦理反思。目前,我国的工程伦理研究理论不完全成熟,且研究对象普遍为专业性较强的领域。存在对常态工程、在建或预建工程及工程技术应用伦理思想研究较少的问题,并呈现出学科建构不断加强、定性研究与定量研究相结合的趋势。目前,国内学术界对于工程伦理的内涵大致有三种理解。其一,基于价值论的视角,从工程、工程技术、工程伦理的比较中对工程伦理的内涵进行基本界定,认为工程伦理关注的是工程的社会综合价值和价值关系,以及这些价值如何实现。其二,从英文"ethics"具有"伦理学"和"伦理道德"两种含义的角度将"engineeringethics"相应地界定为:旨在理解应当用以指导工程实践的道德价值、解决工程中道德问题以及论证与工程有关的道德判断的活动和学科。[①] 其三,从组织层面与个人层面理解工程伦理:当下接受的、各个工程师组织和工程协会所认可的行为准则和道德标准以及工程师个人的道德理想、品质、观念和行为。工程师的职业道德是基本层次,但工程伦理的内涵不止于此。[②]

　　笔者认为,工程伦理是探讨工程技术人员在职业活动中对雇主、对公众、对环境、对社会、对共同的未来所负有的责任,其核心的课题是当利益与责任、局部利益与全局利益、经济效益与环境效益、现实需要与长远的价值目标发生冲突时如何作出正确的判断和抉择。

---

　　① 李世新.工程伦理学研究的两个进路[J].伦理学研究,2006(6):31-35.
　　② 任丑.工程伦理学的两个基本问题[J].道德与文明,2010(6):109-113.

20世纪下半叶,我国台湾地区的部分学校开设了工程伦理课程,随后,西南交通大学、北京科技大学、福州大学、清华大学、浙江大学和东南大学等高校陆续开始了工程伦理的研究与教学。但探索的道路依然漫长,学界对我国工程伦理教育开展的现状及实际效果亦深感担忧。有学者对我国高校工程伦理教育的课程和教学方式展开批判,认为其以课堂教育理论的传递和教化为主,忽视了学生伦理选择能力的培养;注重教师讲授,忽视了学生主体作用的发挥;重视灌输说理,忽视启发引导。① 另有学者认为,我国工程伦理教育的开展还面临着来自课程和教学之外因素的掣肘,利益优先的观念使得工程伦理教育很难以协商和对话的方式开展有效的教学;工程活动所承载的国家意识和工程权威专家的意见往往成为左右师生伦理思考的重要力量;主流的经济中心话语让具有人文关怀的伦理协商情境在关涉工程的道义问责的课堂气氛中很难形成。②

专业技术人员是支撑一国经济腾飞的骨干力量。新时代对工程型人才提出了新的要求。工程是一个创造世界的活动,这种创造性活动具有未来指向和时代导向。新工科是指新型的工程教育,工程师将来应该成为社会的领导性力量,工程应该作为一种社会变革的力量,新工科应该致力于有意义的世界创造。新时代中国特色社会主义大学的新型工程教育应该符合社会主义核心价值观,符合新时代社会价值和个人价值相统一的要求。

高等工程教育必须与时俱进,着力于提升学生的综合素质。

---

① 许沐轩.美国工程伦理教育教学模式研究[D].北京:北京工业大学,2018.

② 许沐轩.美国工程伦理教育教学模式研究[D].北京:北京工业大学,2018.

所谓卓越工程师,不仅要在工程技术上表现卓越,还应该具备强烈的社会责任感。全面创新的工程教育提出了全面工程教育观的命题。基于此,笔者试着提出关于"全面工程教育"的观点,以丰富其内涵。

"全面工程教育"强调的是纵向维度,即全过程、全包容、全民性的工程教育。该概念于 2006—2007 年提出,主要涉及工程教育从体系到过程的几个重要观点:工程教育应贯通从小学、中学、大学本科到研究生教育的整个体系;应对不同层次和专业的学生进行通识性工程教育;应与产业界开展合作教育,设计提出对社会发展有良好适应性、能满足全球化要求的课程。"全面工程教育"理念中的通识教育,基础是工程思维、工程文化和工程方法,着眼点在于培养能够应对迅速变化的世界、善于在多学科"系统"环境下处理各种复杂问题的全面发展的人。[①]

笔者认为,全面工程教育应具有三个维度:一是作为应用技术的工程能力,指向的是工程知识和工程知识运用的技术水平;二是维持人与社会和谐发展的工程伦理;三是促进人的全面发展的工程德育。

全面工程教育的基本定位是知识、能力、素质并重。1995 年,时任浙江大学校长的潘云鹤提出,在未来可能出现的人才培养模式是"知识、能力和素质"并进的模式,可称之为"KAQ"模式。K是知识(基础知识、前沿知识和交叉学科知识等),A 是能力(表达能力、动手能力、创新能力、组织能力和学习能力等),Q 是素质(身心素质、思想素质和道德素质等)。这里的 K 和 A,可以理解为工

[①] 逄索,朱军文."全面工程教育"理念中的通识教育思想解读[J].化工高等教育,2008(1):5-7.

程的基本知识以及运用知识解决工程技术问题的能力；Q可以理解为通过工程伦理教育和工程德育习得的行为准则、价值观念、理想甚至信仰。工程教育强调知识能力和伦理道德的协同发展，不但关注工程师在决策过程中表现出来的社会性关系，也就是伦理意义上的关系，而且关注工程人才的德性意识的教化和养成，也就是将德育因素融入工程教育。

全面工程教育的目标是技术、伦理、道德协同发展。技术应用型人才的培养，关乎一个国家和社会发展的未来。知识能力和素质对于现代工程型人才来说缺一不可。在工程人才的培养维度上，工程相关的专业技术是基础，伦理是职业的底线，而道德是完善的方向。

全面工程教育的基本理念是把握规律、多元发展、引导自主建构。全面工程教育不但在工程逻辑上融集成性、实践性、创造性于一体，在技术逻辑上强调通过改进教育手段来提升基于认知规律的教育模式，而且倡导充分遵循学生的认知规律，变学生的被动接收为主动建构，即让学生通过自己捕获某门课程或某种知识的必要性与重要性来驱动学习。全面工程教育倡导培养工程人才宽专交融的知识结构，即同时强调人文社会科学知识的情境化作用、专业技术知识的关键性作用、广博的数学与科学知识的基础性作用。工程人才要具备的核心能力是判断力和行动力，即能够识别条件并在特定要求下自主整合所学知识，进行准确分析及正确行动。

全面工程教育视域下的工程人才类别，可依据"常规技术—高新技术"及"基础操作—应用开发"导向，划分为工程实践者、工程研发者、工程创业者、工程领导者四类。四类工程人才之间有较强的相关性，并在一定条件下可以实现类型的跃迁。所以，四类工程人才也可以理解为在大学不同阶段有针对性地培养的具有不同优势的工程人才。工程实践者需要在扎实的基础工程实践和科学知识学习的基础上加强集成创新；工程创业者需要在多领域的工程实践的基础上加强综合设计能力；工程研发者需具备深厚的科学功底和集成创造能力，以及一定的科研攻关精神；工程领导者应具备上述三类工程人才的核心能力以及综合判断能力、企业家精神。

要培养"宽专交融"与"知行合一"的工程领导者，全面工程教育必须构建以设计流为主线、以课程群为暗线的培养模式。所谓设计流，即学生在不同学业阶段分别完成概念设计、项目设计、创意设计与应用设计等环节，这些设计环节前后关联，根据工程问题解决的不同阶段设定，最终呈现完整的工程设计过程。而围绕这些设计环节，学校将课程设置模块化、课群化，让学生能根据所处设计阶段对课程模块进行自主选择，学生在每个环节都能充分参与工程技术能力实践以及相关讨论。

三、工程德育的主要内容

如果说工程伦理是探讨工程技术人员在职业活动中对雇主、对公众、对环境、对社会、对共同的未来所负有的责任,其核心的课题便是当利益与责任、局部利益与全局利益、经济效益与环境效益、现实需要与长远的价值目标发生冲突时如何作出正确的判断和抉择。工程德育关注的则是从工程职业人到工程道德人的培养过程。

关于工程德育,笔者认为应该有两个研究切入口。一是从德育认识论视角研究工程教育,将工程教育作为德育的路径、手段或载体,研究工程教育过程中的育德过程;二是从德育方法论角度,即借助工程研究的方法研究德育工作,包括德育的组织形式、实践过程、评估方法等。

德育的直接目的是塑造人,促进个体人格的完善,使个体获得自我的提升。德育的发展必然扎根于其所属地域的文化。文化是一个国家、一个民族的灵魂。我国文化的核心是中国特色社会主义文化,德育的内涵基础是培育和践行新时代的社会主义核心价值观。基于此,笔者提出,从道德认识论的角度来看,中国特色社会主义大学的人才培养目标应该分为四个水平,也就是在劳伦斯·科尔伯格的道德发展三水平的基础上,进一步发展更高水平的德性,即中国特色社会主义的德育内涵和价值观引领的思想政治和道德水平,其内涵是爱党爱国、无私奉献等共产主义、社会主义、集体主义精神。

从《工程教育专业认证标准(试行)》来看,人才培养的通用标准主要包括:人文社会科学素养、社会责任感和职业道德;经济管理知识;专业知识;实践应用能力;获取信息的能力;创新意识和能力;规则意识;组织协作能力;适应能力和终身学习意识;国际视野以及跨文化交流与合作能力。

从德育认识论的视角看,工程教育的人才培养重点应包含以下育人内容:一是政治意识和思想水平。通过人文社会科学知识学习和政治素养提升,全面深刻认识习近平新时代中国特色社会主义思想,提升理论水平,坚定"四个自信",树立正确的历史观、民族观、国家观、文化观,增强抵制不良文化和思想侵蚀的能力。二是民族精神和时代精神。在当代世界,一个人只要生活在某个国家、社会,就必然受该国法律及道德的约束,作为该社会、国家的成员,享有一定的权利,承担一定的义务。民族精神是一个民族文化传承、历史发展的"基因"。随着时代的发展,各国对适应国际化形势的人才的素质要求不断提高。个体的民族精神越强,他(她)就越能为民族的事业而奋斗。民族精神是人类群体间的一种强大而具有普遍意义的凝聚力和向心力。就现代社会而言,没有民族精神就没有民族、国家。因此,民族精神应成为德育的灵魂,德育必须致力于培养民族精神。① 工程技术是国家发展的核心要素,落后的工程技术和工业水平导致的挨打,是历史已经告诉我们的深刻教训。我们应辩证分析工程科技水平发展与国家命运、个人命

---

① 赵野田.国外高校德育的特点、发展趋势及启示[J].东北师大学报(哲学社会科学版),1998(2):83-91.

运的关系,自觉秉持和弘扬民族精神和时代精神,自觉投入国家建设。三是专业精神和工程思维。工程人才应当能够理性、客观、系统地看待事物及其发展规律,增强逻辑性、系统性和实践性。例如,通过学习"工程认识概论""工程方法概率""科学发展与工程前沿导论"等课程,认识工程内涵、现实问题,进而提升自己的职业品质和道德。四是公共意识和责任意识。工程人才应当增强公共意识、安全意识和社会责任感,培养以诚信为中心的责任意识和伦理意识,培养健全的人格。五是实践能力和国际视野。第五次全国教育大会明确把劳动教育纳入社会主义建设者和接班人的要求,提出了"德智体美劳"的总体要求。工程实践,尤其是工程领域的社会实践,是利用社会场域开展德育的有效路径。科尔伯格认为,德育就是培养超习俗的人,即自觉遵守人类普遍价值原则的人。21世纪,各国都十分重视人才培养,这是国家综合实力提升的重要保障。我们不但要培养德才兼备型人才,更要培养创新型人才,培养工匠精神。高校人才的培养已从被动的国际化转向自发的、内驱的国际化,在人才标准上也有了更多共识。这就提醒我们,高校人才的培养,必须立足本国,着眼全世界。

工程教育注重在潜移默化中融入政治理论、形势政策、党的路线方针政策和劳动技能,将爱国情感、民族精神、公民意识和创新精神、实践能力有机结合,使学生在习得专业知识的同时,思考历史、社会、伦理,思考技术创新和社会价值。学生需要积极进行结构化反思,在观察、追问和思考中加深对道德、责任的理解,提高价值判断能力。现代社会的发展可能更依赖于科技,但科学技术本身是一把双刃剑。因此,在工程教育中强化德育工作,必须成为高校教育工作的重中之重。工程德育作为德育共同体的育人路径,值得探讨和研究。

四、工程德育的实践要点

笔者认为,工程德育应遵循以下原则:一是明确人才培养的德育目标,并落实到人才培养的关键环节;二是推动专业教育和德育协同并进;三是将主流信仰和社会正义概念有力衔接,通过仪式感和形式感强化引导;四是设立精密有效的组织架构,多方位开展德育工作;五是制定并严格执行正确的价值准则;六是贴近学生的学情和生活实际,更多地采用浸润式德育。

强制灌输式的德育模式,无论在西方还是中国都受到了广泛的批判。道德灌输"既不是一种教授道德的方法,也不是一种道德的教育方法。之所以说它不是一种教授道德的方法,是因为真正的道德包括对于那些有可能处于冲突之中的价值做出审慎的决定;之所以说它不是一种道德的教育方法,是因为合乎道德的教学意味着尊重学生正在发展着的推理能力和对他们所学内容的评价能力"①。杜威强烈反对道德说教和道德注入,他认为用灌输"关于道德的观念"的方法培养学生的道德观念和道德行为是不成功的。他说:"外部强制的禁止和通过个人本身的反省和判断的禁

---

① Power C,Kohlberg L. Using a hidden curriculum for moral education [J]. Education Digest,1987(5):10-12.

止这两者是互不相容的。"①杜威认为灌输剥夺了学生道德需求和道德自主的权利,扼杀了学生道德创新精神,对学生的道德生成无益。因此,学校德育要给学生自主探索的机会,让学生在实际的价值权衡、判断和德性体验中领会"德"的意义,促进学生主体"德"的统一协调发展。总而言之,工程德育的特点是理论联系实际、多学科交叉、应用性强、易于实施教育(易于理解和接受,易于在专业实践过程中自然消化吸收、易于实施)。

结合学习和理论研究,笔者认为以下几点建议可能有利于工程德育的有效实施。

一是提升工程教育中的德育地位。在课程安排上,将科学精神与人文关怀紧密结合,注重教学内容和方法的综合性,使学生的知识、能力、素质协同发展。应统一认识,提倡符合时代发展需要的德育范式,即以促进个体与社会和谐发展为目标的科学探索过程。它是将科学精神和人文关怀融于一体的、培养现代道德人格的教育活动。

二是加大师资队伍建设力度。工程教育教师必须具备良好的政治素养、深厚的工程学科背景、丰富的实践经验以及一定的人文社会科学知识储备,善于运用哲学、伦理、历史、文化等多学科知识开展教育工作。高校教师,无论是德育教师还是专业教师,均不应是价值中立者,均有责任承担德育工作,促使受教育者参与探索、建立并且自觉遵守任何有利于社会和谐发展的道德准则。工程教育教师还应注重知识传递过程中的情感交流。德育应该是共情的情感交流,教授者以政治素养、道德水平、人格魅力和精神状态影

---

① 杜威.我们怎样思维 经验与教育[M].姜文闵,译.北京:人民教育出版社,1991:283.

响和感染受教者。

三是创造条件，丰富学生的实践活动。一线的工程生产、管理、考核、评估，以及投入与产出、价值与利益、个体与全局等的关系处理，都能对学生产生深远影响。

四是提高相关职业伦理和道德的学习、考核要求。工程最终要面向实际和应用，对社会生活生产影响巨大。建议在相关学科的学生毕业设计中，在工程实践模拟板块增加工程伦理和职业道德考核，让学生对工程实践中的两难问题进行思考和抉择。这可以作为评定工程类学生是否合格的重要标准。

五是成立有效的组织机构。例如，成立由学生参与和民主管理的公正团体，让学生在共同的学习生活中，参与规则的制定和维护，对现实问题进行反思和论证。这可以有效提升学生的道德水平，帮助学生深入理解道德生活的意义。

参考文献

[1]Power C,Kohlberg L. Using a Hidden Curriculum for Moral Education [J]. Education Digest,1987(5):10-12.

[2]班华.现代德育论[M].合肥:安徽人民出版社,2004.

[3]曹明,吴恒仲.高校学科德育渗透应注重五个"融入"[J].教育探索,2012(11):128-129.

[4]曹群,郑永廷.加强思想政治教育重要现实问题的理论研究[J].学校党建与思想教育,2016(13):217.

[5]陈雯,吴进.工科大学生工程伦理精神培育探索[J].南京邮电大学学报(社会科学版),2013(4):116-120.

[6]程红艳.道德相对主义时代的公民道德教育[J].高等教育研究,2015(8):20-27.

[7]杜威.我们怎样思维 经验与教育[M].姜文闵,译.北京:人民教育出版社,1991.

[8]巢峰.简明马克思主义词典[M].上海:上海辞书出版社,1990.

[9]风笑天.社会研究方法[M].5版:北京:中国人民大学出版社,2018.

[10]冯玉军.国际形势新变化与中国的战略选择[J].现代国际关系,2017(3):9-15.

[11]逢索,朱军文."全面工程教育"理念中的通识教育思想解读[J].化工高等教育,2008(1):5-7.

[12]伽达默尔.真理与方法(上)[M].洪汉鼎,译.上海:上海译文出版社,2004.

[13]盖伯琳,等.信仰的智慧:信仰和科学信仰教育研究[M].北京:社会科学出版社,2006.

[14]高树昱,邹晓东,陈汉聪.工程创业能力:概念框架、影响因素及提升策略[J].高等工程教育研究,2013(4):28-34.

[15]郭凤志,张澍军.现代文化精神观照下的西方德育模式探析[J].社会科学战线,2008(9):214-216.

[16]海德格尔.海德格尔选集[M].孙周兴,选编.上海:上海三联书店,1996.

[17]韩华球.文化视域下我国德育课程改革反思[J].教育学报,2014(2):65-69.

[18]韩美兰,吴俊清.高校德育主体教育模式基本特征探析[J].中国高教研究,2004(5):61-62.

[19]韩庆祥."以人为本"的科学内涵及其理性实践[J].河北学刊,2004(3):67-73.

[20]何东昌.中华人民共和国重要教育文献(1949—1975)[M].海口:海南出版社,1998.

[21]何菁.论作为道德生活形式的工程伦理[J].自然辩证法研究,2016(7):35-40.

[22]胡厚福.德育原理[M].沈阳:辽宁大学出版社,2000.

[23]胡塞尔.欧洲科学危机和超验现象学[M].张庆熊,译.上海:上海译文出版社,1997.

[24]黄福涛.外国高等教育史[M].上海:上海教育出版社,2003.

[25]黄楠森.马克思主义与"以人为本":回答以人为本研究中的几点疑问[J].中华魂,2004(5):52-53.

[26]江霞.大德育观:德育价值取向的必然抉择[J].文史博览(理论),2013(5):53-54.

[27]李秋零.康德著作全集(第6卷):纯然理性界限内的宗教道德形而上学[M].北京:中国人民大学出版社,2007.

[28]李世新.工程伦理学研究的两个进路[J].伦理学研究,2006(6):31-35.

[29]里夫金,霍华德.熵:一种新的世界观[M].吕明,袁舟,译.上海:上海译文出版社,1987.

[30]林德宏."以人为本"刍议[J].理论参考,2004(6):17-18.

[31]刘次林.现代德育的三大转变[J].湖南科技大学学报(社会科学版),2015(4):169-174.

[32]刘翔.关于当前高校辅导员队伍建设的几点思考[J].思想理论教育导刊,2013(6):120-122.

[33]刘长贵.陶行知的生活德育理论及其当代价值[D].南京:南京师范大学,2005.

[34]刘长海.杜威的实用主义道德观及其德育思路[J].高等教育研究,2010(2):19-25.

[35]刘志坚.论主体性德育对传统德育的超越[J].华南理工大学学报(社会科学版),2006(1):14.

[36]刘忠孝,孙相娜.主体间性德育的基本内涵及价值取向[J].思想政治教育研究,2009(6):22-24.

[37]楼建悦,刘翔.高校辅导员工作的系统及其要素新论[J].湖北科技学院学报,2014(9):189-190.

[38]卢梭.社会契约论[M].何兆武,译.北京:商务印书馆,2003.

[39]鲁洁,王逢贤.德育新论[M].南京:江苏教育出版社,2002.

[40]鲁洁.道德教育的根本作为:引导生活的建构[J].教育研究,2010(6):3-7.

[41]路海东.社会心理学[M].长春:东北师范大学出版社,2002.

[42]罗俊丽.科尔伯格道德教育理论及其对中国道德教育的启示[J].道德与文明,2008(2):75-78.

[43]吕赫,林琨智,许修杰.工程伦理学的一般理论构建[J].吉林化工学院学报,2009(5):42-45.

[44]马克思.1844年经济学哲学手稿[M].北京:人民出版社,2018.

[45]马克思.资本论(第3卷)[M].北京:人民出版社,2004.

[46]启良.真善之间:中西文化比较答客问[M].广州:花城出版社,2003.

[47]任丑.工程伦理学的两个基本问题[J].道德与文明,2010(6):109-113.

[48]萨特.存在与虚无[M].陈宣良,等译.北京:生活·读书·新知三联书店,1987.

[49]单中惠.二十世纪前半期欧美教育革新运动述评[J].教育评论,1986(5):56-64.

[50]沈壮海.论高校德育的人本追求[J].思想理论教育导刊,2009(11):85-90.

[51]孙经国.柏拉图的德性教化论思想探究:基于《理想国》的文本解读[J].道德与文明,2011(1):76-80.

[52]孙晓峰,孙曼娇.全球化背景下高校的文化德育与德育文化探析[J].思想政治教育研究,2010(5):103-107.

[53]孙益.校园反叛:美国20世纪60年代的学生运动与高等教育

[J].清华大学教育研究,2006(4):77-83.

[54]檀传宝.德育原理[M].北京:北京师范大学出版社,2006.

[55]田心铭.简论思想政治教育的目的、培养目标和教育内容:兼评"德育非政治化"的观点[J].思想理论教育导刊,2011(6):88-97.

[56]万俊人.经济全球化与文化多元论[J].中国社会科学,2001(2):38-48.

[57]王克仁,余家菊.中国教育辞典[M].上海:中华书局,1928.

[58]王玄武,等.比较德育学[M].武汉:武汉大学出版社,2003.

[59]王志健.社会分层背景下大学德育目标的自我实现[J].教育探索,2010(12):28-30.

[60]习近平.青年要自觉践行社会主义核心价值观:在北京大学师生座谈会上的讲话[M].北京:人民出版社,2014.

[61]夏甄陶.论以人为本[J].杭州师范学院学报(社会科学版),2003(3):63-68.

[62]许沐轩.美国工程伦理教育教学模式研究[D].北京:北京工业大学,2018.

[63]杨汉麟.外国教育名家思想[M].武汉:华中师范出版社,2010.

[64]杨启华.从德育功能的角度看道德灌输[J].教育探索,2008(12):98-100.

[65]于洪波,向海英.古希腊与古中国道德谱系溯源及比较:"地缘文明"的视角[J].教育研究,2013(2):134-139.

[66]余维武.冲突与和谐:价值多元背景下的西方德育改革[M].南京:江苏教育出版社,2009.

[67]袁桂林.当代西方道德教育理论[M].福州:福建教育出版

社,1995.

[68]詹明鹏.高校一线专职辅导员队伍建设的现状、困境与出路[J].高校辅导员学刊,2012(1):76-79.

[69]张浩军.主体间性与构造:论舒茨对胡塞尔的批评[J].哲学研究,2018(3):100-108.

[70]张红生.外国教育家对德育的认识与见解[J].思想教育研究,2002(8):46-48.

[71]张铃."以人为本"的工程伦理意蕴[J].郑州大学学报(哲学社会科学版),2009(6):14-15.

[72]张澍军.德育哲学引论[M].北京:人民出版社,2002.

[73]张耀灿,等.现代思想政治教育学[M].北京:人民出版社,2006.

[74]赵野田.国外高校德育的特点、发展趋势及启示[J].东北师大学报(哲学社会科学版),1998(2):83-91.

[75]郑永廷,江传月,等.主导德育论:大学生思想政治教育一元主导与多样发展研究[M].北京:人民出版社,2008.

[76]朱高峰.对工程伦理的几点思考[J].高等工程教育研究,2015(4):1-4.

[77]朱洪洋.发现当代教育学的理论"硬核":彼得斯和弗莱雷教育过程观的比较分析[J].外国教育研究,2015(11):32-40.

后　记

　　写作这本书的起因,一是因为笔者有幸受美国瓦尔帕莱索大学邀请,同时也获得所在单位的支持,在 2019 年作为访问学者赴美进行了近半年的访学。另外一个原因,是笔者以学员身份在国内参加了马克思主义经典专题学习和习近平新时代中国特色社会主义思想专题学习。在学习过程中,笔者聆听了专家精彩的课程,触碰到了同学们睿智的思想火花。因此,如果说书中有好的想法,则主要是平时与大家的讨论所得。其中若有不当之处,乃因笔者的水平有限,由笔者负责。

　　要感谢支持和帮助过笔者的师长、家人、朋友、同事,尤其是一同赴国外访学的同事丁立仲、王育萍、俞磊等,一同参加相关课题研究的韩沁钊博士。还要感谢一起参加国内专题学习班的专家学员,如郑灵江、倪世英、夏卫东、骆健民、陈红、郑琪、徐章杰、程佳等,书中有部分观点得益于他们的指导。

　　本书主要基于多年工作中的思考与总结。笔者曾从事高校德育工作,担任过高校辅导员,但并非思想政治教育专业出身,在思想政治教育研究的学术范式方面,运用尚不娴熟。这些基于工作实践而产生的想法,在内容的系统性上有所欠缺。尽管如此,笔者还是愿意将自己的德育工作观点记录下来,分享给朋友们,希望能够对新时代的高校德育研究和实践有所启发,也希望读者能够提出宝贵的意见。